韓國行動力大師
柳根瑢 Keun Yong Ryu 著
游芯歆 譯

一日一行動的奇蹟

我這樣化習慣為複利，9個月購置新屋，一年讀完520本書

1日1行의 기적: 무일푼 백수를 억대 연봉 CEO로 만든 실행의 힘

目錄 Contents

第二章　一日一行動，付諸實踐

第三章　一日一行動，人生大不同

第四章

一日一行動，培養好習慣

第五章　成為「實踐主導方」的定律

〈自序〉聰明人也比不過力行者

問題青年因為閱讀改變人生

人活在世上，會在某個時刻感到自己走錯了路。

我三歲時父母離婚，父親再婚後，我受到繼母的百般虐待與折磨；國高中時期經常離家出走、打群架和飆車；學生時代動不動就出入警察局和法院的我，是個問題少年；即使進了專科大學①成爲大學生之後，也同樣無解。

---

①指韓國的專科學校，以教授技術和職業實務爲主，受業時間在兩年以上，三年以下。日本稱爲短期大學，美國稱爲community college（兩年制大學），類似台灣的二專、三專。

二十九歲的某一天，我突然有了這樣的想法——「不管怎樣，先按照計畫做了再說！」從此以後，我決定從很小的事情開始做起，一天讀五頁的書、一天背一個漢字、記錄一天的開銷和當天的小嘗試。我開始思考適合自己的幸福標準，而非世人眼中的成功標準。我不想再像過去那樣總是滿腹牢騷地生活，想改變自我。

另一方面，我也很害怕。因爲對當時的我來說，人生就像智利復活節島的摩艾石像或埃及金字塔上的石頭，不是我微弱的力量所能撼動的。即便以一個月或半年的時間來培養力量，要舉起人生這塊巨石也是力不從心。

於是我問自己，該怎麼做才能搬動這塊人生巨石，是不是該敲碎成足以搬運的大小？也許每天都付出一點點力量，才是正確的答案。

在不斷思考與試誤之後我才了解，越是難以承受的人生，越要集中精力在**「一天」**的時間上。一次就想舉起沉重的石頭，只會讓自己受重傷；人生也是如此，一次就想翻轉一切的投機心態，反而會帶來更大的挫折感。因此，我放棄了想在朝夕之間改變人生的念頭，決心將精力集中在我所能掌控的時間單位

「一天」之上。

原本一天讀五頁的書，不知不覺間變成了三天讀一本，一天讀一本，越讀越多；原本一天背一個漢字，隨著實力增強，變得能夠熟練地用漢字改寫報紙社論的韓文內容；每天多做幾下伏地挺身，竟然也能做到一百下；每天記錄收支的習慣，讓我在理財方面打開了眼界。我學到了從小事做起、逐漸發展的樂趣，這就是我要講的「一日一行動」的重點所在。

一日一行動的實踐超人

每天我都會將這些小小的實踐上傳至社群網站，和好友分享，突然有一天他們就幫我取了「超人」的綽號。在聽到這綽號的一瞬間，有種強烈的感覺襲來，我立即將所有註冊過的網站會員暱稱全都換成「超人瑢師」。並非因爲我眞的是超人，之所以這麼修改暱稱，是想正確表達出自己所嚮往的樣子。

體育、經濟、藝術、科學……不管哪個領域都強調「才能」，但過度強調的話，就會忽視其他面向，「力行」就是其中之一。再怎麼聰明，頭腦再怎麼好，只想依靠智力卻什麼都不做的人，是無法順利開展人生的。不是有句俗話說**「鹽不放不鹹，燈不點不亮」**嗎？如果不付諸實踐，再卓越的才能、再聰明的頭腦也只是一種潛力而已，無法取得具體的成果。為了達到我們想要的目標，最重要的是：改造自己，成為行動派人物。

孔子的弟子中達到宗師境界的人，既不是勇敢的子路，也不是多才多藝的冉求，而是老朽而笨拙的曾子。曾子的頭腦並不出色，但他將孔子的教誨付諸實踐，一天又一天努力，達到了與眾不同的境界。

不是聰明或才華出眾就能成功，機會只留給如滴水穿石般不斷努力的人。

實踐能讓你主導自己的人生

軟銀總裁孫正義就是一個例子。他大學時不接受學費援助，爲了達到經濟獨立，立下「一天一發明」的目標，製作了發明筆記，每天將小創意記錄在上面，然後將部分創意申請專利。其中「語音電子翻譯機」的創意，以一億日圓賣給了夏普（Sharp），獲得了巨大的成就。這筆錢成爲孫正義的第一桶金，得以在一九八一年創立軟銀。沒錯，將不時浮現腦中的創意寫在筆記本上，積沙成塔，就能成就宏大的歷史。

我是個學歷、能力、家世都微不足道的人，還是一個都二十歲了連一頁課外書也沒讀過的問題少年。但現在，我是出版了三本暢銷書的作家、年薪破億（韓圜，約三百萬台幣）的CEO、巡迴韓國授課的自我啓發講師，過著與過去截然不同的生活——過去，這些形象只存在於我的想像中。

想要脫胎換骨的迫切感助長了我的渴望，成爲力行的種子，不再只是模糊的想法和心願，力行的結果造就了現在的我。被捆綁在人生這塊巨石上，無可奈何地滾下山坡的我，如今已能夠引領人生，不再被人生牽著鼻子走，而是過著由自己來主導的生活。

持續數年的力行，已經成爲一種割捨不掉的習慣。這所有的變化來自於我決定掌控自己的每一天，專注於獲得的點滴成果。希望讀者也能透過這本書，體會一日一行動的奇蹟。

第一章

自卑感拯救了我

我個性軟弱，所以能變得更強。

我有所不足，所以能變得更飽滿。

我經驗不多，所以能累積更豐富的經驗。

「坐著」只能「待斃」

目睹車禍現場，讓我從飆車中覺醒

高中二年級。

我們騎著拆掉消音器的摩托車，在首爾市內的街道上飆車。不久，警車尾隨而來。哼，甩掉警察對我們來說根本是小事一樁。善於蛇行的同行友人讓引擎發出轟鳴聲，好似在嘲笑警笛聲，以驚人的速度穿梭於往來的車輛間，下一瞬間就撞上突然變換車道的汽車。

遠遠望著那傢伙的我，在那一刻清楚體會到時間靜止是什麼意思。被橫插進來的汽車攔腰撞上的摩托車，像是慢動作般騰空而起，撞擊的同時，碎片散落各處。翻滾了三圈之後，摩托車撞上中央分隔島，朋友像是關節斷裂的櫥窗模特兒般翻滾了幾圈之後，癱倒在地上。有人發出一聲尖叫，所有彷彿在夢中一般。

握住油門把手的我，嚥了下口水，再次加大手勁催油門，引擎發出震天轟鳴，離警笛聲越來越遠。

朋友幸運沒死，治療結束之後，這傢伙大概就得開始接受警方的調查了。

這就是我們的遊戲方式，如果不想在朋友面前「示弱」，就必須在死亡邊緣展現自己的「膽量氣魄」。只有這樣才不會被看輕，也因此經常得豁出半條命。當我冒著生命危險騎著摩托車時，朋友都緊跟在後，就算看到哪個人撞車，也根本不當一回事。

撞得再嚴重也不怕，我們就是要飆車，不是不知道有可能會受重傷，甚至被撞死，但總認為這種事不會發生在自己身上——直到我第一次親眼目睹車禍現場。

爲什麼不是我，而是那位朋友呢？我們不是在飆車嗎？受傷的人如果是我，也根本不足爲奇。

俄羅斯輪盤般的賭博人生

直到後來我聽說了「俄羅斯輪盤」，才覺得我們的所做所為就跟玩俄羅斯輪盤沒兩樣。

在可以裝六發子彈的〇．三八口徑左輪手槍裡，只塡入一發子彈，再飛快轉動迴轉式槍匣，子彈藏在第幾彈道裡，誰也不知道。現在，兩個人面對面坐下，輪流將手槍對著腦袋，扣動扳機。「嗒」，空彈；換對方扣扳機，「嗒」，又是空彈，就這樣一人一次……誰也不知道哪個人會死，但是這樣繼續下去，一定會有一個人先死，這就是俄羅斯輪盤。

如果只狹隘地觀察人生的剖面，會覺得一切彷彿都出於偶然；但若放寬眼界來看這宏大的世界，就會知道一切皆是必然。飆車出了車禍，看似偶然發生的事件，但從一個大框架來看，卻是朝著必然的死亡全力衝刺。

有些遊戲的結局必定有人受傷、致殘或死亡，就像俄羅斯輪盤，誰也不知道子彈會在輪到誰扣動扳機時射出，但這遊戲一定會有人吃子彈。已經對學習失去興趣、對世界和大人抱持敵意的我們，就像在轉動俄羅斯輪盤那樣賭上自己的人生。

我深深沉浸在那個世界裡，驀然回首，有種深陷泥淖的感覺。看著朋友出事的同時，彷彿也看到了潮水緩緩襲來，早晚有一天會湧到我所站立之處。在被浪潮席捲之前，我得趕緊逃離。

悲慘的童年

爲什麼我會深陷泥淖？我似乎需要爲自己找一個不是藉口的辯白。

小時候，我的人生就像一隻狗，不斷輕輕搖著尾巴，卻被靠過來的人踢上一腳。那麼，這隻狗該用什麼方式和人親近呢？

在繼母的虐待下生活了三年多的我，無法好好看待這個世界。我抱著對關懷和親情的渴望接近繼母——但別說是親情了，回應我的總是突如其來的踢踹。

繼母當時與父親感情不睦，把對父親的憤怒全都發洩在我們兄弟身上，而且是用暴力的方式。

我就在毫無理由的虐待和恐懼中度過了悲慘的童年。因爲沒被愛過，也就不知道該如何去愛；連「先釋出善意，就能收穫善意」的常識都沒學到，就先學會了咆哮。爲了不讓任何人跨越我的安全藩籬，我時時以凶狠警戒的目光看人。

開啟閱讀的轉捩點，試著從書裡找人生解答

上了高中，我發現有境遇和我相似的同學。我們彼此都看出了對方眼神的含意，經過幾次試探實力，排定順位之後，大家就拉幫結派，招搖過市。我親身體會到，只要夠強悍，同學就會追隨的現實。懷抱希望或夢想未來，那是別

人的事，與我無關。

然而就在二十一歲那年，我被強迫入伍，走進了由新秩序掌控的所謂「軍隊」這個世界中。這個強迫調整的過程，成爲我從泥淖中脫身而出的關鍵，也是唯一的機會。如果沒有這個變化，依然按照以前的方式生活，或許我也免不了會遭遇摩托車事故這個「必然」的結果。幸運的是，我碰上了改變的機會，產生了「也許我的未來可以不同於過去」的想法——因爲我在部隊裡遇到了崇拜的人。

與我同梯入伍的他，是和我走在不同人生道路上的名校大學生。我越習慣軍中的生活，就越感到自卑，覺得自己比不上他。他和我同齡，卻比我成熟許多。愛讀書的他，憑藉書籍得到的衆多二手經驗，思路寬廣，談話題材也很豐富。除了年紀相同，我在各方面都沒法和他比，覺得自己滿身缺點，像個無能的人。有一天，我終於提起勇氣親近他，劈頭就問：

「喂，要怎麼學習呀？」

「嗯，學習？」

對於把全校第一當成家常便飯，只和模範生相處的他來說，我的問題可能很荒謬。

「我從來沒有正正經經地學習過。」

「喔……」

「我的意思是，我也想成爲不錯的人。」

想成爲不錯的人……其實我眞正想問的是「該怎麼做才能成爲像你這樣的人」，但就是說不出口。

「哦，你想**自我啓發**！」

那是我第一次聽到「自我啓發」這個詞。有些話，聽到之後會像雷一樣在腦中炸開，那時候就是如此。

「對，就是那個，自我啓發！要怎麼做？」

「多看書呀！」

他的眼神十分眞摯。

以一個二等兵來說，看書眞的是一件難事，但我不能就這樣放棄，就像

「坐以待斃」這句話一樣，我不想無力地隨波逐流。如果被沒有變化、沒有發展的無力感所支配，過著坐以待斃的生活，光想就令人難以忍受。我決定按照他說的，**在書裡尋找答案**。

從那之後，「書」這個字就像是把我從泥淖中拯救出來的繩索，在我腦海中牢牢扎根。

但是，書要怎麼讀呢？

世上最難的就是改變自己

第一次讀完一本書的心境轉折

我在二〇〇二年三月十九日入伍，當年迎來了我人生中的重大事件，那就是讀完了整本《刺魚》①。這是我人生的第一本書，當我讀到最後一頁時，感到一陣恍惚，陷進了想快點翻頁卻又想保留這一刻的矛盾心情。雖然對作者感到很抱歉，但這心情與其說是對這個美好故事的感動，不如說是對「讀完一本書」這件事的驚奇喜悅。我竟然把一本書從頭到尾讀完了！

人生真是不可思議。昨天還享受著摩托車引擎轟鳴聲的我，現在卻用粗壯的手指翻閱著書頁。諷刺的是，對任何嘮叨或勸告都不為所動的我，竟然在自由受到剝奪的部隊裡做好變身的準備。在軍隊中度過的兩年，是我脫胎換骨的醞釀期。

當然，軍中的環境並不好。訓練很多，不訓練的日子也總有做不完的事。因爲是最低階的二等兵，沒事也要找事做。雖然情況非常惡劣，但我聽從那位同梯的建議，在褲腰裡藏一本書去上廁所。規定時間只有五到十分鐘，我就窩在廁所裡翻書來看。

起初我連讀一個句子都嫌煩，要沉浸在作者所描繪的想像世界需要花一段時間，時而爲了投入故事情節故意閉上眼，時而爲了理解陌生字詞而一讀再讀。碰上看不懂的句子，或是理智上能了解、心理上卻無法接受的內容，視線總忍不住往下一頁移動，但還是會轉回原來的地方。然而隨著視線的飄移不定，時間也無情地流逝。今天讀了幾頁呢？翻是翻了，算起來也只有一、兩頁而已。就像「懶儒翻書」這句話②，我爲了確認剩餘頁數，一下翻到後面，一

①《가시고기》，韓國作家趙昌仁於二〇〇〇年一月出版的長篇小說。

②意思就是懶惰的儒生看書不專心，沒讀多久就翻到後面看看還剩多少，想趕緊讀完了事。

下又回來前面，來來回回不知道多少次，遲緩不前的速度讓我十分焦躁。

第二天，我又翻開書來看，但故事卻在某個地方突然中斷。昨天讀過的情節沒有完全理解，難怪和今天的情節連不起來，故事變得支離破碎，一堆不解其義的字詞又冒了出來。即使如此，我還是抱持「一天無條件讀十頁」的心態，無論如何硬是擠出了一些零碎時間。

於是我整整花了二十八天，讀完總共二百八十頁的《刺魚》。看完最後一頁、闔上書時，我喜不自勝，咧開嘴笑了。然而當晚我躺在床上細細回想，卻怎麼都想不起書中的內容，甚至也不知道我的人生究竟有了什麼改變。

改變人生的關鍵二十八秒

我曾經遇過一位船員，他在一艘五萬噸重的船隻上任職，說過這樣一句話：

「如果想把船從左舷三十五度轉到右舷三十度，也就是將原本朝著左側對角線方向的船，改為朝右側對角線方向行駛，就要大幅度地轉動舵輪。自行車、摩托車或汽車只要轉動方向盤，馬上就能改變方向；但船不一樣，法律規定，所有船隻必須具備在最高速的情況下，於二十八秒內從左舷完全轉向右舷或相反方向的能力。也就是說，要改變方向是非常困難的，如果超過二十八秒，那艘船就無法及時轉向。」

「二十八秒？挺花時間的呢！」

「沒錯！所以呢，我就努力轉動舵輪，可是船還是慢了一、兩拍才稍微動了一下。明明舵輪轉了好幾圈，可是船才勉強要動不動的樣子。即便如此，還是得繼續轉啊！因為相信船可以在二十八秒之內轉到我們想要的方向，所以得繼續轉，絕對不能停下來！」

那麼，我人生的二十八秒會在什麼時候、以何種型態到來？人生的舵輪到底要轉多少圈？要讀多少本書，才能體驗到變化？當我一面讀著一本書，腦子裡一面懷疑「我現在算是正正經經在讀書嗎？」的時候，我也會產生「這個時間拿來做點別的事情不是更好嗎？」的雜念。因為童年創傷而不耐等待的我，心中的焦躁實在難以忍受。

支持我的永遠只有自己

從事建築業的父親，經常連何時回來都不說就出門。六、七歲的我瞞著繼母跟在父親身後，偷偷問他什麼時候回來，彷彿只有知道父親的歸期，我才能忍受繼母的鞭打。但是，父親不懂我的心，只敷衍地說一句「盡快」，就轉身離開。

有時一等就是一個月，有時甚至要等上兩個月。對年幼的我來說，一個月和兩個月有極大的差別。起初，我還扳著指頭算日子，然而每次期待都落空。後來，我學會了以父親離開的那天算起，等待足足兩個月的時間，一想到等兩個月就好，日子也就不那麼難過了。

繼母家暴變本加厲的那年夏天，兩個月過去了，父親也沒有回來。夜色朦朧中，我倚著巷口的牆垣，祈禱父親出現。然而等待卻讓我陷入了絕望，我還擔心父親會不會在哪出了意外，卻又想起一會兒回去還有棍棒在等著我，心就驀地沉了下去。

小時候，等待換來的往往是失望。期望落空、希望受挫已是家常便飯。仔細想想，等待對我來說，其實就意味著恐懼。

閱讀教我的事：學習等待，改掉急躁性格

每當街角出現黑影，我就猜想會不會是父親，伸長了脖子盯著看。這種焦躁的心情在我閱讀時也毫不例外地出現。每次閱讀一本書，隨著時間過去，我就變得焦躁起來，不知道讀書的成果何時會出現。對於「多閱讀改變人生」的期待，讓我一抓到書就拚命讀。

該做的事情放一邊，只是拚命翻書看，也讓我心裡感到很複雜。「我現在拚命看書是對的嗎？」對此，我心中生起疑慮。不僅如此，「把這個時間拿來做別的事不是更好嗎？」惡魔也開始在我耳邊呢喃：與其埋頭閱讀，不如買彩券或投資股票來得立竿見影——這種想法也動搖著我的心。

混合著茫然和焦躁的狀態，爲了湊足數量，我盡量找薄一點的書，很快就讀完一本跳到下一本。這麼過了一個半月，我就煩到不行，只好作罷。

急於看到變化、希望成果立現的想法，反而時常把事情搞砸，所以有必要先學會如何**等待**。但我不曾擁有過「等待之後，迎來變化」的經驗，因此不知

道該怎麼改掉急躁的性格，爲此感到十分鬱悶。

毅力，開啟下一次的成功

帶著「毅力能改變一切」的信念，我決定先暫時花一年的時間閱讀，當務之急就是持續穩定地閱讀下去。我立下一年讀三百六十五本書的目標，爲了一天讀完一本書，我開始將時間以「分鐘」爲單位來分割。

隨著時間過去，我閱讀的速度也越來越快，一年後，我已經超越三百六十五本書的原定目標，讀了五百二十本書。我初嘗到超額完成目標的強烈喜悅，對自身的信賴也爲我帶來了「成功」這份大禮。

這一次的成功經驗對我來說意義何在？

聽說體育教練爲選手安排模擬實戰的練習比賽中，會挑選實力較差的選手爲對象。因爲擔心萬一在練習比賽中輸了，對之後的實戰會失去信心；而在練習比賽中贏過一次的選手，在實戰中也能信心充沛。一次的成功會帶來自信，迎來下一次的成功。我也怦然心動地期待著，這一次的成功能引發下一次成功的蝴蝶效應。

實踐是唯一的答案

只有老老實實去做，才能將知識化為己用

奇怪的是，每次讀完一本書，我卻一點也不記得書中的內容，這也讓我很煩惱。能記住的部分只有二〇％左右，有可能是因爲我才正式學習閱讀沒多久，還不得要領吧。當眼睛看到密密麻麻的字時，我就成了只顧著湊數的笨蛋。一翻開書，滿滿一整頁文字映入眼簾。在這麼多句子之中，有哪些句子是重要的，而我又該怎麼做，才能將這些文句化爲己用呢？

在腦中一度只有勤能補拙的想法時，我讀到了《我所用的晨型人筆記》③這本書，裡面有這麼一段話：「如果朝錯不能夕改，今日錯不能今日改，就無法成爲明智的人。」能掌握晨光的人，才能掌握人生，這句話敲醒了我，若能

成爲晨型人，似乎就能有多一點的運氣和從容來成就目標。

根據這本書，想要改變習慣成爲晨型人，需要一百天的時間，而且最好利用早晨時間學習或自我啓發，甚至還教讀者如何在晚上進行輕度的有氧運動，以及最晚十一點以前睡覺的方法。「哇，竟然有這麼好的方法！」書中分門別類說明具體步驟，只要照著做，就能擺脫夜貓族的生活，成爲早鳥族，光想就覺得興奮。

但是，讀了一本書、爲之興奮不已後，不能只停留在想的階段。在閱讀的同時，若也能反身自省，接下來就必須付諸行動來糾正日漸怠惰的自己。爲了改變習慣，我選擇的關鍵詞是**「實踐」**。

並不是博學多聞就能得到社會認可和更多的發展機會。要改變，唯一的答案就是將停留在腦中的煩惱一個個付諸行動解決。從那之後，我就將從書中讀到印象深刻的句子儲存在手機裡，設定爲桌面。俗話說「離久情疏」，想收心振作，就得經常閱讀激勵人心的格言。

法國詩人梵樂希（Paul Valéry）說：

「不按照想法生活，遲早會被生活限制了想法。」

這句話我想修改成這樣：

「不按照想法實踐，遲早會被生活限制了想法。」

制定了計畫卻光想不做，人生絕對不會有所改變。就算讀完了五百二十本書也改變不了我的人生，原因就在這裡。讀得再多卻不去實踐書中的內容，那麼無論讀多少書對我的生活也產生不了任何影響。

別當光想不做的計畫型人類

誰都知道早上六點起床比較好，但很少有人眞的一大清早就起床。「我今

③《내가 쓰는 아침형 인간의 노트》，權民植著，二〇〇四年三月出版。

天太累了！」「昨天太晚睡！」「我睡眠不足！」「早上無法集中精神！」大部分的人只會找一堆藉口。

這種人很容易成爲計畫型的人——也就是說，制定了計畫卻光說不練：「明天開始要好好學英語！」「今年一定要去健身房運動！」「我要在一個月裡減掉三公斤！」「下星期開始要戒酒了！」你是不是也會這樣說？爲什麼年年制定新年新計畫，到了年底卻一點改變都沒有呢？

英國心理學家李察．韋斯曼（Richard J. Wiseman）二〇〇七年以三千名英國人爲對象，進行「新年願望實踐」的調查實驗。結果顯示，只有十二％的人實踐了新年願望。每個人都會制定計畫，但大部分的人卻缺乏將計畫付諸實行的恆心。

若眞想體驗自己想要的改變，就要成爲行動派。行動派是一定會將目標付諸行動的人，想成爲行動派，就要制定自己能力所及的目標，並學會享受目標逐漸落實時帶來的滿足感。在制定計畫的同時，也要建立具體的實踐方案，劍及履及，切忌拖延。

一個人想要改變的契機，可能是受到周圍氣氛影響，也可能是讀了一本書，生出反省之心，或受到別人幾句話的刺激。但如果每次都是做完計畫就算了的話，那就該問問自己——什麼是我現在能做的？

「爲什麼努力用功了，成績還是原地打轉？」「再怎麼努力也沒用，做不到就是做不到！」「這世上沒有奇蹟！」如果曾經抱持這種心態，現在**先做了**再說吧。挑戰永遠不嫌遲，有句話說：「失敗者不是賽跑中最晚抵達終點的跑者，而是只會站在一邊，從不嘗試去跑的旁觀者。」機會只會找上不屈服於現實，有決心、有毅力，不斷努力實踐的人。記住，只有你才能改變自己的人生。

實踐的動力源於自卑感和意志力

阿德勒的自卑與超越

一再失敗會讓人變得無力，但眞是如此嗎？假設這話說得沒錯，我們就得面對日常生活中經常可見的種種例外。

以視力不好的人爲例。假性近視的人在生長停止之前，視力會持續惡化，不戴眼鏡的話，眼前就是一片迷茫；不要說字，連人臉都無法辨識，除了做眼科手術，否則視力無法好轉。假性近視的人對視力的感覺，就是一次持續失敗的經驗。但這種失敗經驗並不會讓這個人對世上萬事都變得無能爲力，反而造成他在聽覺和觸覺等其他感官特別發達的奇特現象，這種情況處處可見。

心理學家阿德勒（Alfred W. Adler）認爲，這是源於對自卑感的補償，起到了「追求卓越」的作用。

阿德勒主張，自卑感是追求「優於現在、臻至完美」時必需的要素。他從小就患有軟骨症和咽喉痙攣、癲癇、肺炎等疾病，因此行動遲緩，做什麼事都很笨拙；再加上經常生病，成績自然也好不到哪去。然而，他為了克服造成自卑感的主因——體弱多病，從小就決定堅持不懈地運動，培養體力和力氣，讓別人不敢隨便欺負他。

中學時期，阿德勒的數學差到極點，老師甚至還勸他休學去當鞋匠。發生這件事之後，阿德勒便埋首學習數學，就像他用運動來克服體弱多病一樣，畢業時他成為班上最優秀的學生。

阿德勒不屈服於自身的缺點，反而把缺點當成契機，藉此刺激自己突破極限，而且以這種經驗為基礎，潛心研究精神分析。佛洛伊德曾指著個子矮小的阿德勒狠批「我把侏儒變得偉大」，得到的反擊是「站在巨人肩膀上的侏儒，可以看到比巨人更遼闊的視野」，這是很有名的一則軼事。正如他們之間的心理戰所象徵的，阿德勒是將缺陷和自卑感作為自我發展動力的代表。

如同阿德勒克服自卑、成就卓越一樣，若沒有力爭上游的想法，大概自始至終都不會有自卑感的存在。因爲有了自卑感這個自我發展的動力，也是動機的存在，我們才能持續不斷地奮鬥，並藉此彌補缺點。

將自卑感轉化為成長的燃料與動力

我也有追求卓越的奮鬥經驗。

度過與繼母相處長達四年的噩夢之後，我來到首爾和生母一起生活。不知道是不是因爲小時候沒東西吃、營養不良的關係，上了小學後，在一班五十多人的學生裡，我一直是屈指可數的矮個子。

進了中學後，我的體格依然乾瘦矮小，班上有個塊頭大、喜歡欺負別人的同學，有天我和他起了衝突。這個身高比我高一個頭的同學推了我一把，把我推倒在地上之後就用腳踹，又重又大的腳踹在我身上，我只能像嬰兒一樣蜷縮成一團。

挨打越多越耐打，因爲眞正痛的地方在別處，就是我像玻璃般碎了滿地的自尊心。在無從反抗的挨打之後，我也成了連自己的身體都無法保護的笨蛋。在家裡也是這樣挨打長大，現在竟然還要挨同班同學的拳頭！

衝突結束後，教室恢復平靜，我卻再也無法回歸平靜的生活。回想自己一直以來總是被人欺負的模樣，我死也不願再這樣活下去。

從那天起，我就立即展開仰臥起坐和伏地挺身的訓練，還纏著母親買了啞鈴鍛鍊手臂。基礎體力訓練結束後，隨即彎腰像彈簧一樣彈跳起來，投入拳擊訓練——這是避開對方的搶先攻擊，給予反擊的練習。我沒有另外找老師教，也搞不清楚拳術和打架的區別，一心只想著能避開攻擊、打到對方就算贏。爲了培養動物般的靈敏感知，我努力不懈地練習，喘著粗氣反覆彎腰、揮拳。

每天我都要練習一百次以上的彎腰、揮拳，持續不斷重複同樣的動作不是一件容易的事，但我的目標是每天都能更新紀錄。訓練出一點力量之後，我改以握著啞鈴重複同樣動作的練習，一直練到手臂都抬不起來、全身大汗淋漓之時，才會坐下來喘口氣，在腦中靜靜思考打架的步驟。

作業可能會忘記寫，但我每天絕不會忘了練拳和訓練。在和煦的五月裡，我也默默反覆練習彎腰、揮拳，就算是暑熱開始的六月也沒有停止伏地挺身練習。七月期末考試期間，我手中拿的不是教科書，而是啞鈴。學校舉行結業式當天，我就制定好了暑假期間的體能訓練時間表。

放假期間最適合訓練，雖然是在母親經營的美容院裡消磨時間，但我每天對著鏡子練習揮拳，還曾經失手揮出啞鈴打破鏡子。儘管如此，我還是持續不斷地練習。

第二學期開始，時間過去了多久呢？半年轉瞬即逝，我的身體變得敏捷、結實。雖然個子還是很矮小，但如今就算再對上那個大塊頭，大概也不會輸了。

機會很快就到來，那個踹我的同學又來尋釁。持續的苦練果然沒有白費，我狠狠揍了那個靠著塊頭大就隨便欺侮人的傢伙一頓，從此以後他再也不敢惹我。

仔細回想，我的人生並非只有不好的回憶。被失敗狠狠壓迫的童年傷痛雖然沒有全部治癒，但對糟糕回憶的補償作用下，我也曾經展開過「追求卓越」

的行動。

即使是現在，我還是對自己瘦削的身材感到自卑。為了讓骨瘦如柴的身體多點肌肉，看起來壯一點，我調整了食譜並鍛鍊身體，將體重增加到七十二公斤。如果有人問我「是怎麼練出一身好肌肉？」，我會回答「追求卓越」。這回答眞是太棒了！

如果你感到自卑，那眞是好兆頭。因為自卑感會成為動力，啓動「追求卓越」的同時，還會有無數的努力與實踐隨之而來。

有人因為成績不好而自卑，轉而對金錢更感興趣，熱中股票投資；有人不太會賺錢，自卑之餘轉向為獲得社會名聲而全力以赴；看到父母稱讚聰明哥哥的弟弟，會努力在非學術的其他領域嶄露頭角；看到父母為叛逆的姊姊長吁短嘆長大的二女兒，會不同於姊姊，努力順從父母的心意。

我在中學時期為了不被人瞧不起，選擇了鍛鍊體力，唯獨不善於長跑。但進了部隊之後，也同樣拚死拚活跑到終點。

我們每個人都會感到自卑，都有為了得到補償而追求卓越的經驗。因為這既是一種動物本能，也是人類的基本動力，因此即使在不自覺的情況下也會發揮力量。也就是說，如果能善用自卑感，就能轉化爲成長的動力。不要滿足於現狀，若能將自卑的感覺當成向前邁進的跳板，那麼自卑感就是最好的燃料。

自卑是諾貝爾文學獎得主的共同點

得到諾貝爾文學獎的偉大作家到底有什麼才能和非凡之處呢？有人對此深感好奇，爲了獲得解答採訪了很多作家，卻還是沒能得到合理的答案。

他苦思之後改變了作戰計畫，決定詢問處理作家作品的編輯。他認爲編輯與作者配合，長時間在一起工作，應該知道答案才對。採訪了許多編輯之後，他終於找到偉大作家的兩個共同點。

首先是**自卑感**，其次是**戰勝自卑感的強烈意志**。作家爲了克服自己的自卑感，不斷地燃燒意志，奮發圖強，即使在取得了一定的成績之後，也並不滿足於現狀，而是繼續鍛鍊自己，讓自己抵達更高的境界。

他們這麼做，並不是爲了實現獲得諾貝爾文學獎的宏偉目標，只是因爲身爲作家，爲了追求自己所嚮往的價値和成就，進一步砥礪自己罷了。

我也一樣，當初並不是爲了成爲博學的學者或偉大的作家才開始閱讀的，也沒有打算運用在商業算計或策略上；只是因爲厭倦了自己一成不變的模樣，迫切希望能擺脫自卑、過上不一樣的生活才拿起了書，想在書裡找到珍貴的智慧來改變自己和人生。

換句話說，只要努力就能彌補自己的缺點，轉弱爲強的意思。自卑感不是讓我受挫的枷鎖，而是讓我不斷努力向前的鋪路石。自卑感會刺激人們承認自己有所不足，同時也憑藉自己的力量，一步步向前邁進。

當我發現「軟弱的我」這塊暗礁時，**我是閱讀的初學者，也是人生的菜鳥**。沒有指南針就出海的船，很容易碰上暗礁遇難，人生也是如此。對我來說，自卑感就像是指南針，引導我該以什麼樣的態度生活。

第二章

一日一行動，付諸實踐

更迫切、

更多的經驗，

更深入的學習，成爲我人生的轉捩點。

學習是身體力行，而非死記硬背

夢做多了就能成真？

在某次讀書會上，一名身穿休閒服、三十歲出頭的男性會員，一臉陽光地坐在那裡，輪到他發言時，這麼說道：

「我讀了《祕密》①，明白了渴望的魔力。我相信『渴望就能成真』這句話，所以每天都這麼期盼——我總有一天會坐上豪華轎車林肯大陸（Lincoln Continental）。想了一整年之後，有天我偶然聽朋友提到有個乘坐一年進口好車的機會，不妨申請看看，完全免費，唯一的條件就是將試乘經驗持續上傳到網路宣傳。我問是什麼車？天哪，竟然就是林肯大陸！今天我也開著那輛車過來，雖然不是我的車，但可以這樣體驗吸引力法則，我感到十分驚奇。」

這世上有多到難以計數的書，**每本書中都藏著各自的祕訣**，其中出現頻率相當高的，就是「如果……就能成功」的故事，我們都十分喜歡這樣的咒語。

二〇〇二年世界盃足球賽時，這句咒語被改寫成「有夢就能成真」這句話，有個住在閣樓裡整天做白日夢的人理解成「夢做多了就能成真」。當我沉浸在書裡，尤其是自我啓發類書籍，每天牢記「我也做得到」這句咒語的那段時期，對我來說「有夢有盼就能成真」這句話也成了一種信仰。

可是，正如至死也難以證明我是否得到了救贖，「有夢有盼就能成真」這句話至今在我的人生中也從未得到印證。

我相信所有的書都是眞理，也堅信沒有一本書會說假話。從我的良師益友、那位軍隊同梯口中說出「多看書呀！」這句話的那一刻起，我就相信「書一定是有益的」，照著去做。

---

①《祕密》（*The Secret*），朗達・拜恩（Rhonda Byrne）於二〇〇六年出版。

但是書有時的確也會說謊，我在我的第一本書《一讀一行：從魯蛇到人生贏家的自我充實法》就強調過，讀完一本書，若想化爲己有就必須去實踐，要努力按照所有書裡觸動人心的一項核心主張去做——不過，其中也有效果令人起疑的內容。因此，我在親自嘗試之後進行篩選，將對我毫無助益的主張歸類爲虛言。至少對我來說，虛假的內容還是存在的。

特別是「渴望就能成眞」之類的話，到現在我還是無法完全接受。這些人說得好像凡事只要「多期盼、多做夢」就能成眞，但若世上存在著不要求相信，只要求實踐信仰的宗教的話，必然也同時存在著不懂實踐，只一味強調相信就能成眞的邪教。同樣地，有告知正確實踐方法的書存在，就必然也有巧妙地戴著科學面具的淺薄僞書存在。**我以時間作為代價，才終於懂得辨識真偽。**

將一本書完全化為己用的方法：抄五句，做一句

當然，閱讀同一本書所得到的東西，卻因人而異。有人得到了樂趣，有人得到了觀察社會的眼光。書的用處，端看讀書的人而定，這也是爲什麼要思考和訓練如何從書中萃取自己所需精華的原因。

我在閱讀一本書時，若看到印象深刻或觸動心弦的內容時，一定會畫線。而且在讀完整本之後，還會快速瀏覽一次畫線的部分。在剛開始閱讀和做筆記時，我會努力在筆記本上抄下盡可能多的內容。如果讀完一本書，畫線的地方有三十到四十處的話，會想把所有內容都抄下來。

但是隨著時間過去，筆記的負擔變得越來越重，突然間做筆記就彷彿成了勞動，經常會抄一抄就感到厭煩，這是因爲野心太大所產生的副作用。

現在我就不會將畫線內容全都抄下來，就算書裡有再多金句，我也只挑選感同身受的五句抄在筆記本上，然後從中決定一項首先要實踐的行爲。選好具體可行的部分之後，就要反覆去做，直到身體熟悉之後成爲一種習慣。

以下就是我發現的**「讀書與實踐的良性循環模式」**：

1. 邊看書邊畫線，或者標示出來
2. 快速瀏覽畫線部分的內容
3. 只挑選五個真正能打動我心的句子，抄下來
4. 從中決定一項首先要實踐的行為
5. 反覆實踐，一做再做，直到成效可見

只有以身體力行學到的知識，才能成爲眞正的知識，讓自己更上一層樓。知識一旦在身上扎根，會比光靠死記硬背來得更長久，就像擱置在倉庫裡的自行車一樣，隨時都可以拿出來使用。因爲身體已經記住了這個行爲，所以才有了變化。

今天讀了一本書，學到一件事，這只算學了一半而已。爲了讓今天的學習百分之百完成，明天不管採取什麼方式，一定要用身體去力行。

學徒式的實踐教育，對人生的一切都有助益

這個過程並不局限於閱讀，不管是什麼，若不想僅僅停留在「知」的階段，想眞正化爲己有的話，隨後就要力行。站在柿子樹下，光張開嘴等著柿子掉下來，也只會等到嘴痠而已，至少得帶著棍子晃動枝葉或打在柿子上，柿子才會掉下來。

假設有人想學烹飪，於是到知名餐廳去打工。但是不管哪家餐廳，大廚都不會親切地以言語或文字來傳授自己的祕訣，而是不管來者是誰，一定是先支使去洗碗或打雜再說。

口授講解的知識並非有效的教育方式，最實在的方法是身體力行去學習，或許會花費很長的時間，卻能得到實實在在的成果。這種方法被稱爲「學徒式教育」，對於想提升自我的人來說，是很重大的啓發。

去做，才能開始改變；光是想，那就是零

生活在底層的我，成了年薪破億的CEO之後，周圍的人一個個開始問我實踐的祕訣。仔細回想，改變我的力量就是「一天按計畫實踐一項行動」的意志。也就是說，遵守「一日一行動」的約定，造就了今天的我。

起初我也曾經懷抱著宏偉的夢想制定許多計畫，然而一旦要付諸實踐，才發現連其中的一、兩件都不容易做好。或許有人會認爲「什麼嘛，一天只有一行動？」，但一行動不是「只有」，而是變化的**「開始」**，就算是一行動，只要做得好，自信也跟著來。

要求從來不肯好好學習的學生坐在書桌前用功兩小時，有可能成功嗎？可能性恐怕很低。但如果是十分鐘的話，那就有可能。如果能夠每天坐在書桌前學習十分鐘，持續一個月的話，要延長時間就比較容易。靠著十分鐘的成功經驗，就可以挑戰二十分鐘、三十分鐘。這樣一點一點延長時間，就算是最初計畫的兩個小時，也能順利達成。

不要因爲設定的目標十分宏偉，就在每天的實踐清單上列出過多的項目。一開始就要從一日一行動做起，然後不斷練習提升到下一個階段，就能逐漸改變自己。

不花錢的特級家教

爲了考取資格證照，我閱讀了相關書籍後，又去上了補習班，對我來說是不小的負擔，便開始尋找既能省錢又能學習的方法。

在新聞、百科全書、網頁、部落格、網路論壇、社群網站裡，資訊爆炸、氾濫，其中新聞因其特性，不會有詳細的說明，所以當下經常難以理解；百科全書將知識進行概括整理，因此多半文句生硬，一堆艱深術語；網路論壇雖然有用，但如果要閱讀站內帖子就必須註冊會員，程序十分繁瑣；網頁有時很難知道是何時發布的，往往會因爲年代久遠而被移除。因此，我推薦部落格和YouTube。

善用部落格和YouTube，同時掌握深度與廣度

在Facebook、YouTube、Instagram相互牽制並競爭的情況下，部落格竟然還能屹立不倒，眞是令人驚訝，這是部落格的優點。更神奇的是，部落格這種媒體並不怎麼跟隨潮流。也許是因爲期盼與人交流的這些人，帶有將部落格作爲主體來經營的特質，所以才能夠長期堅持經營、寫作。部落格具有悠久的傳統，而且非常穩定，便於儲存各類訊息。

但是只靠部落格是不夠的，不可否認，YouTube是大趨勢。因爲YouTube平台上每個月有十五億人以上觀看影片，每分鐘有四百小時的新影片上傳，是個正在不斷成長的市場。很多時候光看文字看不懂的問題，透過YouTube影片就能輕鬆理解。

讀一本書，如果還不是很懂內容或需要補充資訊時，我就會在該處貼上便利貼，再上網搜索部落格和YouTube。當然，並不是所有上傳的帖子都有用，很多人故意使用艱深術語寫文章炫耀，也有人只是上傳一些沒什麼內容的影

片，這些東西可以快速略過，只查找自己需要的訊息就行。如果正在閱讀國外的翻譯作品，可以透過TED官網（www.ted.com）進一步學習。最近大部分影片都提供多國語言翻譯字幕，即使聽不懂外語，也可毫無障礙地觀看國外作家的演講或採訪影片。

如果在部落格和 YouTube 上獲取了有用的資訊之後，就可以翻閱相關書籍，重新掌握前後脈絡，確認自己理解得是否正確。只要一張便利貼就能解決一切，以這種方式在各種平台上搜尋資訊，滿足好奇心之後，就把便利貼撕下來，這樣多做幾次就可以正確理解書中的知識。

但是多樣化平台的功用可不止於此，如果看到了能以深入淺出方式寫文章的部落客，或上傳高品質影片的頻道主，那麼簡單說明其他方面資訊的可能性也很大，通常可以找到同樣想法的人。若想找到這類用戶，可以參考該媒體平台的文章目錄，開始攻城掠地，讀取相關資訊。

擷取其中的隱性知識

你可以在手邊放上紙筆，也可以運用分享、書籤、儲存網頁等方式，蒐集必要的知識。有經驗的人就知道，凡是即時最新的有用資訊，幾乎都能在部落格和 YouTube 上找到，這話絕非言過其實。

部落格和 YouTube 的用處很多，其中之一就是更新迅速。書籍因爲有發行日的局限，有些內容可能是過時的舊資訊；但是勤快的部落客和頻道主對最新情報十分感興趣，所以上傳新資訊的機率很高。

再者，書是相當正式的媒體，通常不會放入無法公開的私人經歷，但實際上在這些資訊中，沒有親身經歷過就難以理解的東西，比想像中還要多。部落格和頻道主的實戰經驗裡，就包含了書中不能說的內容，因此非常珍貴。尤其是他們從長期經驗中體會到的祕訣，是一種隱性知識，十分重要。只有融合顯性知識和隱性知識，才算是掌握了完整的知識，就讓我們從他們的敏銳直覺和各自的祕訣中學到最佳的知識吧！

迫切之心，誰也攔不住

人渣的詛咒

人生一旦開始墮落，就會一直走下坡。

我進入人稱「蠢蛋聚集地」的破舊高職後，逃課的日子便不計其數。上課時不是在睡覺就是吵鬧，動不動就吆喝一堆人打群架，經常出入警察局和法院。看不下去的班導對即將畢業的我說：

「你再這樣下去，將來出了社會，就會被當成人渣。」

雖然班導從以前就沒有對我們抱持很大的希望，但他還是表達了自己的遺憾。不過，從我嘴裡吐出來的回應卻很粗暴。

「這誰不知道啊，要你多嘴？他媽的！」

就算是小混混、壞傢伙，有些話也絕對不能說。比起擔憂之情，老師所用的詞彙讓我聯想到不祥的未來似乎正大步朝我走來。什麼人渣啊！

「人渣」是我最討厭聽到的詞之一，感覺自己的人生完全被否定。與其挨一頓罵，不如挨一頓棍棒更好。

「別想著大象！」

當你聽到這句話時，你的腦海裡已經有一隻大象在漫步。雖然聽到的是「別想著大象」，但大腦卻沒有做出相符的反應。「大象」一詞傳進耳裡的那一瞬間，遊戲就結束了，再也無法擺脫大象。

我無論如何都想擺脫老師所說的「人渣」詛咒，但那兩個字就像大象在腦海裡漫步，如影隨形地跟著我。

人生首次出現迫切感

部隊內務班一名老兵熱熱鬧鬧退伍的那天，也是如此。當內務班裡的興奮氣氛平靜下來，又重新開始日復一日的生活時，我穿上了戰鬥服執行警備任務，再次想起了老師的話。因爲看著老兵的退伍，我也自然而然想像起退伍以後的生活。

長期以來，我與學習之間已築起一道高牆，只在繳錢就可以讀的專科大學裡還保留著學籍。雖然讀了一年，卻一點也想不起來學了什麼，學習評分也只有一．七②左右；就算退伍後重新回校就讀，大概也不會有什麼不同吧？那就業呢？以後要做什麼養活自己？可以順利地成家嗎？這就是我要的生活嗎？

或許這是我人生中第一次認眞思考未來的時刻。突然間，我不知不覺這樣自言自語：

「唉，今後我該怎麼活下去？」

同行的老兵問：「你說什麼？」

「沒、沒什麼，我只是自言自語而已。」

值勤時，我的心情一直很沉重。

我接受了自己會像以前一樣再次變成人渣的事實——不，應該說是承認到目前爲止的生活都很垃圾，承認自己的人生已經觸底。令人驚訝的是，當我承認了現實之後，反而不再動怒，能夠好好想想叫我「人渣」的老師了。於是體內因爲恐懼而顫慄發抖的眞正的我，在內心深處發出質疑：

「那現在我該怎麼活下去？」

這是我人生中首次出現迫切感。

② 各科考試分數乘以學分數之後加總，再除以學分數所得到的評價分數，$A^+=4.5$／$A=4.0$／$B^+=3.5$／$B=3.0$／$C^+=2.5$…，以〇．五的間隔類推。

質疑力量大：我該怎麼活下去

在此之前，我一直是個注重形象的人。即使口袋裡沒錢，我也秉持「外表重於一切」的座右銘過活，再苦再累也不掉一滴眼淚。我的外表就像是咆哮的肉食動物，敢惹我就吃掉你。這樣的我有一天卻脫下了外皮，露出藏在裡面的可憐兮兮小羊，這麼說道：

「我該怎麼活下去？」

我無法相信這句話是從我嘴裡冒出來的，但我身旁除了愣愣地望著我的老兵之外，別無他人，所以這句話分明就是我說的。

我感覺自己的人生正在轉向，便走到同梯入伍的朋友面前，問他「該怎麼學習」。

從此之後，我整個人在軍隊裡產生了許多變化，開始閱讀、學習漢字、英文、寫讀書筆記、記錄一天的生活，尋找在世上存活下去的方法。

自卑感是驅使我行動的力量，這是不爭的事實。但我也深知，促使這份力量付諸行動的，是那天出於迫切的一句話。

因爲起步比別人晚，爲了追趕他們，我捨不得把時間花在內務班裡看電視、短暫抽根菸上面。爲了完成那天出於迫切的質疑所留給我的功課，我努力不要浪費一分一秒。

將迫切感化為動力：田舍館村的創意稻米行銷

日本有個叫「田舍館」的小村莊，面對生存的急迫，成爲以改變和行動克服危機屈指可數的成功案例。

以生產稻米聞名的田舍館村，因爲日本飲食的西化導致稻米消費急遽減少，加上嚴重的高齡化失去活力，陷入了如何拯救村子的煩惱中。

於是田舍館村募集各界意見，透過稻種改良，像畫一幅彩色圖畫般，分散種植著紅、黃、橙、綠、紫、白等各種顏色的稻子。這麼一來，從春天插秧到秋天收割的這段期間，美麗的彩色圖案便會逐漸顯現，包括從一九九三年開始的《星際大戰》標誌，到身穿和服的女人、奧特曼（編注：又譯超人力霸王、鹹蛋超人）、蒙娜麗莎和《亂世佳人》的場景。

不僅如此，田舍館村還將以稻米製作出來的自然圖畫轉換成二維條碼，建立了消費者只要用智慧型手機對著稻田的圖案拍照，就能立即購買稻米的系統。這個計畫叫作「創意稻米行銷碼」（Rice Code），在提高稻米銷量上做出了巨大的貢獻。從此以後，田舍館村成了旅遊勝地，吸引數十萬名遊客到來，參觀人次超過村民人數的數十倍。

或許是村子可能會消失的迫切感，成爲了改變和實踐的動力。任何人都一樣，只有從內心深處湧起的迫切感，才能向自己提出嚴厲的質疑，提供強大的力量，將危機化爲轉機。就像老人將迫切感化爲動力拯救瀕臨死亡的村莊，不論在哪個年齡，隨時都可以創造出改變生活的機會。

非做不可，不做不安

毫無頭緒的飄泊人生

退伍後，我嘗試挑戰各種工作，有失敗，也有成功。

復學之後，我在大二第二學期成功拿到評分四．五的滿分成績，但也因爲受傷沒能插班進體育大學；我也曾經在韓國ＳＫ寬頻（SK broadband）公司客服部擔任防止網路、電視、電話解約的諮商人員，創下全國第一名的業績，但參加警察公務員考試卻落榜；取得漢字二級證書，卻沒能考到一級證書；經營部落格有成，果汁生意卻失敗。

諷刺的是，在挑戰自己想做的事情當中有很多都出乎意料地失敗，反而在無奈之下勉強去做的事情裡很多都成功。我的人生感覺就是一團亂麻，而且不知不覺也快要三十歲了。

如果《一萬小時定律》（1만 시간의 법칙）的作者③爲我的人生提供諮詢，他會說什麼呢？會不會說：「各式各樣的事情好像都嘗試過，卻沒有一件做得圓滿？」不過有一件事我可以很有自信地說：「我每天堅持不懈地做了十年。」那就是閱讀、寫讀書筆記和日記。

我之所以能成為作家的原因

我之所以能在十七年裡閱讀超過三千本書，之所以能寫下超過一百五十本的讀書筆記和十本日記，原因就在於我想抓住些什麼。我想在浮萍般的漂泊人生中，知道自己現在身處何方、去向何處，所以我每天都會抽出時間閱讀和記錄。

但在二十九歲的某一天，又有一個迫切的質疑從我內心深處湧了上來。

「我也來當作家看看？」

二十九歲的年紀當作家，或許太年輕了吧。有哪家出版社願意給沒名氣、沒成就的年輕人機會呢？但對於想在這世上扎根的我來說，出書是必不可缺的種籽，便開始有條不紊地爲寫書做準備。

我最早從部落格開始。起初我將讀書經驗寫成短文上傳，得到不錯的迴響，便以「讀書技巧和推薦書籍」這個看上去滿像回事的標題連續刊載帖子。訪客的留言振奮了我的心，人們向我提出「該挑哪一本書」「該怎麼閱讀書籍」等各式各樣的問題。看到這些提問，我逐一整理腦中浮現的想法後上傳，結果竟然整理出三十到四十個主題。如此上傳了四、五個月的帖子後，有些文章就在 Naver 和 Daum④的主頁上露了臉，原本每日一千到三千人的訪問數，

③ 作者爲韓國記者李相勳（音譯，이상훈），研究所主修「總統學」，對國內外政治領袖的崛起有深刻的理解；也因擔任記者，讓他想探究成功人士獨特的成功祕訣，執筆寫出《習慣的奇蹟》《一萬小時定律》《如何讓總統的支持率攀升：連總統也不知道的支持率升降祕訣》等書。

④ Naver 和 Daum 都是韓國的主要入口網站。

一下子暴增到三萬到五萬人，反應最熱烈的主題是「製作讀書筆記的方法」和「養成讀書習慣」等。

別想太多，先寫再說

三十三歲時，我接到出版社邀約我出書的電話。因爲一切都是第一次，所以我盡力配合出版社的意見。到截稿爲止，出版社給了我四個月，但我前兩個月都在不停地寫寫刪刪，才寫了兩、三行就感到十分羞愧，怎麼寫得這麼爛，該怎麼辦才好？這樣的文章怎麼好意思給別人看？我每寫一行就嘆一口氣，刪了之後，又嘆一口氣，就這樣反反覆覆不知多少次。

韶光似箭，離截稿日期只剩下兩個月，我簡直到了焦頭爛額的地步。那天，當我在圖書館裡抓著頭髮期待靈光一現時，主編打電話過來。

「我打電話是想確認您寫了多少，還算順利吧？」

我羞愧得滿臉通紅。

從第二天開始，我每天花四、五個小時寫書，假日更是埋頭寫作八個小時，有時甚至在圖書館待到閉館（晚上十點）。我調整了目標，決定不要求好心切，先湊足篇幅，暫時一天先寫滿兩張A4稿紙再說。先不篩檢，想到什麼就寫什麼！

我運用了各種寫作技巧：聽說在有「白噪音」⑤的地方比較容易產生寫作靈感，我就像蚱蜢一樣在快餐店或咖啡廳等地方換來換去，試著寫東西；還回頭把以前讀過的超過一百本書又翻了一次，想參考書中的寫作方式。

我還特意去拜訪一位博士朋友，宣稱「今天沒寫滿二十張稿紙，絕不離開」，硬是坐在朋友身邊，直到寫夠當天的分量才罷休。雖然很不好意思，不過博士朋友讀完我的稿子後說寫得很好，給了我很大的鼓勵。

⑤白噪音（white noise）又稱爲「白雜訊」，指在可測得的頻率範圍內，頻率保持一致的聲音，如重複播放的海浪聲、雨聲等，而這種一致性能夠掩蓋環境噪音，讓淺眠的人改善睡眠品質。

從飆車轉向書的人生新航道

二〇一五年十月，我人生第一本書終於出版。如果我只是在腦子裡想而不具體實踐的話，後面什麼事都不會發生。自從我決心寫書之後，就從立即可行、最容易的部分開始做起。

想寫書，先別煩惱該從何下手，什麼都好，寫了再說。就算只是抄書裡讀到的句子也好，或者寫寫自己是從什麼時候開始養成閱讀習慣也不錯，最重要的就是踏出這一步。如果當初我沒有在部落格上傳文章，或許現在也出不了書。

就在我雙手捧著書的那一天，我感到一陣戰慄，我的人生再次發生了變化。生活的方向在不知不覺間就擺脫了「摩托車」，轉向「書」這個新航道。

別捨不得多走路

四處奔走，租不到婚房的殘酷現實

我人生中第三個迫切時刻來臨！

我和女友即將結婚，卻面臨租不到婚房的現實，感到無比憤慨。兩個多月來，我們穿梭在不同的房地產仲介商之間，實在是筋疲力盡，最後只能沉著臉坐在人跡稀少的公園長椅上。這時，有什麼在我心裡蠢蠢欲動，直想冒出頭來。

「我再也不要被房子搞得暈頭轉向了！」

聽說在挑選婚房、準備家具跟家電的過程中，很多夫妻都會吵架，但我們一次都沒吵過，因爲我們手上的錢少到沒什麼可吵的地步，而且彼此也很了解這一點。

現實是殘酷的，我們手上那點錢根本租不起喜歡的房子，租得起的我們又不喜歡。有時往往心中遲疑，當場下不了決定，只好轉身離開；但下午再聯絡時，房子已經被別人租走了。釋出的房產不多，想租房的人卻很多，雖然我堅信多走走、多看看，總能找到合適的房子，但現實卻和我的信念相左。兩、三個月過去，找不到一間能住的房子，而這段期間裡包租⑥價格上漲超過六千萬韓圜（約一百五十萬台幣），簡直是包租之亂！

就在距離婚禮還剩下一個多月的時候，不安和慚愧潮湧而來，我心中充滿對未來妻子的歉疚。

我在週末抽出時間看了江南一帶的租房，面對成爲房地產投機象徵的這個地區，我不自覺發起火來。「都是房地產投資客惹的禍！哪有這麼不合理的事？大家都這麼認眞過日子，卻連一間房子也買不起，實在太不公平了！」我一方面羨慕，一方面也覺得自己太悲慘了。

房子對我的重大意義

房子對我來說，有特殊的意義。父母離婚後，幾經周折，由阿嬤、阿公撫養長大的我，直到小學三年級才第一次和親生母親住在一起，但在我的記憶裡自己從不曾住過一個像樣的家。

我只能在生母開設的美容院角落地板上放保麗龍板，上面再鋪一層地板膠皮，蓋上棉被就這麼過日子。翻開塑膠地板，一群蟑螂傾巢而出，而且沒有淋浴設施，沒法好好洗澡。我想要擺脫這種窮困的生活，環境卻怎麼都不見好轉。因此我夢想著，將來結婚，姑且不論其他，但一定要住在像樣的房子裡才行。

然而結婚前夕到處看房的同時，也讓我的兒時夢想破滅。我冷靜地反省，才發現自己至今對房地產一無所知。

⑥韓國的一種特殊租房模式。房客向房東提交一定金額的押金，通常是房屋市價的三分之二以上，以便獲得一定時間的房屋免費使用權，期滿還房時退還全額押金。

研讀房地產書籍，直接請教作者

之前我讀了不計其數的書籍，寫了一百多本書的讀書筆記，高聲吶喊「一讀一行動」，卻很少閱讀跟房地產或理財相關的書籍；就算讀了，讀完後也直接放回書架上就不管了。因爲我認爲那都是我難以企及的內容，是有閒錢的人才會去做的事，所以我一點興趣都沒有，自然也不會付諸行動。再怎麼辱罵擁有房地產的人，也改變不了任何事，爲了不再被房子牽著鼻子走，我必須好好學習才行。

於是我馬上跑到書店，瀏覽房地產和理財相關書籍。每讀完一本，眼前就出現一個全新的世界，原本覺得模糊難懂的東西，都一一被整理得井然有序，讓我終於對該怎麼投資才能成功有了點頭緒。就這樣，我埋頭學習房地產，只要是市面上出版的書，無論是舊書還是新書，我全都讀完。

不只是閱讀，我還抱著感謝的心情發送電子郵件給寫書的作者，表達想見面的意願。原因只有一個，因爲我才學習房地產沒多久，書裡的內容有很多都不明白。有不懂的地方該怎麼辦？當然是去請教懂的人。怎樣才能以最快的方式走上自己想走的路呢？**問問去過的人，自然能輕鬆找到這條路**。光說不練，一輩子都很難買到自己的房子，因此我的方法就是直接請教作者。

直接和作者見面，聽取他們的建議，甚至還上他們的課，我在這方面累積的知識明顯增加。同時，我也領悟到投資房地產最重要的就是**「腳力」**，可以讓人立於不敗之地！我一直記住一個原則，那就是靠腳力獲得的情報和實力永不白費，所以我才會這麼熱中學習。

九個月後順利買房，解鎖人生成就

結果，在我學習房地產九個月後，我成功買到了自己的房子。現在我教授的課程內容已不限於閱讀法和記錄法，還以房地產、理財等主題在韓國各地開課。

在這麼多不同地區來回奔波工作的情況下，自然沒有多餘的時間可以到處走走看看，進行房地產投資。俗話說「窮則變、變則通」，我必須在極端的情況下找出應變的方法。

我身邊的講師大部分都是去其他地區演講，講完馬上回來；我卻提前對該地區的房地產做好分析才前去演講，而且會在演講前或演講結束之後，直接帶著資料行動。如果時間過於倉促，沒能如願四處走走的話，就乾脆直接向邀請單位的相關人員詢問當地情況。搭計程車時，我也一定會和司機聊聊該地區的房地產，驗證我分析的內容是否正確，以及該地區的房地產行情和特點。

如今，我已不再怨恨或嫉妒他人，而是努力在現有的環境中尋找機會。以無比的熱情盡力實現自己的目標，逐步改變人生。始於無殼蝸牛悲哀的這小小步伐和無數的努力，讓我的人生出現驚人的變化。

多觀察多記錄，自然會有變化

讓隱約的不安，成為實踐的動力

我偶然有個機會學習製作薰香蠟燭，上了年紀的優雅老闆看著笨手笨腳的我們，覺得可能需要幫助，就拿著蠟燭過來，說了一個有趣的故事。

「你知道焦躁和不安的差別嗎？」

老闆點燃了燭芯，一團小燭火馬上竄了起來。

「靜靜觀察的話，會發現燭火會晃動。」

雖然燭火整體看來是筆直的，但仔細一看確實微微抖動著。

「隨著蠟燭四周空氣的流動，燭火也跟著晃動，這就是焦躁。爲什麼呢？我們不是也常有焦躁的時候嗎？就像燭火一樣，我們的身體也會受到四周氛圍的影響而顫抖，焦躁就是身體的一種感受。反觀不安則不是身體的感受，而是心裡的感受。假設我是一根燭火，想像一下我看到有人正往離我那麼遠的電風扇走去，等一下他就會按下電源按鈕、打開電風扇吧？這個時候電風扇都還沒打開，我就開始瑟瑟發抖了，想到未來會發生的事，我感到非常地不安。」

那麼，先前我在人生中感覺到的第三次迫切感，究竟是焦躁，還是不安？如果將這句話看作是我感覺到沉重的未來而不自覺說出的話，那應該是焦躁；但如果是因爲我想到自己若不在此時有所改變，便得永遠像垃圾一樣生存的話，那麼就應該是不安。有時是身體先感受到，有時是心裡先感受到，但無論何者爲先，都沒有太大的區別，重要的是感到迫切時，絕不能退縮，要勇於實踐。

當然，就算不迫切，只要有卓越的實踐力量，便是錦上添花。但也有不少人像我一樣，非得到了窮途末路才行動。如果是這樣的性格，卻沒有被逼入絕境，以下方法或許會有所幫助，那就是記錄生活大小事的筆記本。

筆記的魔力：捕捉迫切感，將想法付諸實踐

我在部隊裡培養的筆記習慣一直持續至今，原先是在讀完書卻什麼也沒留下的想法之下才開始的，後來覺得最好連生活大小事也一併記錄，最後甚至擴大到決定寫日記。

日記不只是用來記錄日常生活，每當我思緒紊亂時，也會拿出日記，而且我會把從書中學來的記錄法，按照自己的方式改造再加以運用。或許在別人眼中像是毫無意義、想到什麼就寫什麼的信筆塗鴉，對我來說卻獲益良多。就算瑣碎也沒關係，總之盡量利用零碎時間記錄想法、煩惱和目標。

有一天，我實在太難過了，就暫時脫離日常生活的軌道。就在我愣愣地坐在公園長椅上，望著來來去去的人們時，突然想起了我的日記本。於是我拿出隨身攜帶的日記，想都沒想就從第一頁開始翻起。

日記裡貼滿各種收據，還有書中的佳句、感恩日記、行程及漢字學習的軌跡，還夾雜了一些潦草的字跡。讀著這些類似塗鴉的字句，我可以知道過去自

己在煩惱些什麼，裡面記載了反覆困擾了我好幾天——不，好幾個月、甚至好幾季的煩惱。

一頁翻過一頁，我發現每天的生活雖然持續出現變化，但我煩惱、擔心的事只是換了詞彙表達，本身依舊存在。即使不是以聲音的型態從我嘴裡說出來，但這些紀錄也算是我另一種型態的聲音。裡頭敘述著我今後該如何生活、該如何不受經濟的壓迫、該如何寫書、該成爲什麼樣的好人等內容。

我不確定這筆記是受心靈的驅使才寫下來的，還是筆記的存在改變了我的心靈。不管怎樣，**或許是我的心創造了筆記，而筆記又重新強化了我的心也不一定。**

希臘色薩利大學（University of Thessaly）副教授安東尼斯·哈茲格魯吉亞迪斯（Antonis Hatzigeorgiadis）說過：

「與自我對話可以刺激、引導及評估自己的行為。」

就算不是和自己對話也沒關係，不管是文字還是聲音，即使是有意爲之也好，每天寫筆記吧。以筆記的形式表達，在不陷入困境的情況下很難注意到的迫切感，會在字裡行間逐漸浮現。只有找到那份迫切感，才知道自己該做什麼，該設立什麼目標去實踐什麼。不管怎樣，筆記是引導人們將想法付諸實踐的最佳工具。

第三章

一日一行動，人生大不同

不要夢想「有朝一日」，先完成「現在」該做的事。

不管完成的事情大小，

我們的大腦都會銘記爲「成功」。

首要之務變得清晰可見

住在心中的兩匹狼

北美切羅基（Cherokee）印第安部落中流傳著一則著名的故事——「住在我們心中的兩匹狼」，這個充滿智慧的故事裡有這麼一段對話：

阿公：孩子啊，聽說我們的心中住著兩匹狼，老是在打架。

男孩：牠們爲什麼會打架呢？

阿公：兩匹狼的個性正好相反，一匹老是發脾氣，又貪心又傲慢；另一匹狼的心中總是充滿快樂，渴望和平，非常親切。孩子啊，你希望兩匹狼中哪匹贏？

男孩：我希望善良的狼贏。

阿公：是啊！善良的狼贏了最好。但是實際上並非如此，眞正贏的是另外一匹狼。

男孩：是哪匹狼呢？

阿公：是你拿食物餵養的狼贏了。

這個故事讓我體悟到，我會成爲什麼樣的人，端視自己的選擇。但故事裡有個值得注意的問題，就是所謂的「食物」指的是什麼？對一匹有形體的狼來說，牠的食物是肉塊；但切羅基印第安人故事中出現的狼，是活在人心裡的動物，比喻我們的內心，這種無形體、無口舌的動物，我們要拿什麼食物餵養牠呢？若想讓我們心中的這匹狼擁有戰勝對手的強大力量，該怎麼餵養才對呢？

如果將這個故事從實踐能力的觀點加以置換的話，故事裡的食物就是**「小成就」**。

小成就的蝴蝶效應：循序漸進法

我退伍後曾經制定「一年考到兩張證照」的目標，但因爲過去從未考過證照，所以對於要考什麼證照、從哪裡下手學習一點概念也沒有，因此我決定從成功人士身上尋找方法，因爲回溯他們的人生，一定也存在著如我這般平凡的起點。而我終於找到了他們如何開始學習的方法，也決定照著去做。

加入Daum和Naver關於證照的網路論壇之後，我尋找論壇成員通過考試之後，回到論壇發表自己學習過程的後記帖子，努力仿效他們的方法。我制定了「一天學習兩小時」的目標，而第一件事就是快速瀏覽一遍基礎書籍，接著在這些書裡核對至今爲止出過的考題，並努力學習。以這種方式核對到第二十回的題庫之後，便發現自己一眼就能確認哪種題目經常出現在考題中。聽說大部分通過考試的人都是用這種方法學習，所以我也深信不疑，照做不誤。隨著時間過去，我的分數越來越高，不到三個月，我就在「資訊工程師資格考試」和「辦公室自動化工程師資格考試」中，享受到通過考試的喜悅。

從此以後，我對高手的方法照單全收，就算在房地產和理財的學習上也是如此，按照高手不約而同強調的方法，勤快地發揮腳力，臨場觀摩。

有次一位偶然同席的數學老師問了我這樣的問題：

「您知道爲什麼有那麼多的數拋者（放棄數學的人）嗎？」

「是不是因爲數學太難？」

我從來沒好好學過數學，從我嘴裡也只能說出這樣的答案，但數學老師的答案就是不同凡響。

「不管是補習班還是學校，現在的授課方式只有聰明的學生才跟得上，這種教學法當然會造成十名學生中有九名被淘汰。從小學低年級起，部分學生就開始出現數拋者的跡象，到了小學高年級，部分學生就會被淘汰。進了初中之後出現斷層，上了高中要找到倖存者比摘星還難。」

數學老師畫了一個巨大的階梯。

「學校現在的授課方式是這個樣子，這麼高的台階，個子矮的學生怎麼也上不去。」

然後數學教師開始在大階梯裡畫上小階梯。

「但是如果換成這麼低的台階，一般的學生全都上得去。學校授課方式不應該像現在一樣採取淘汰方式，而該換成低階教學才對。」

聽了他的話之後，我重重拍了下膝蓋，沒錯！就是應該按照一個人能承受的水準，循序漸進才對。我太熟悉這種循序漸進法（samll step）了，因爲我在實踐所有事時一向採取這種方式。

一天兩小時英語聽力、一天三小時跑房地產現場、和房仲對話、記錄時盡量寫漢字、準時在凌晨四點三十分起床、每天寫感恩日記、每天上傳一篇文章到部落格、每天寫工作清單……每件事情分開來看都是小事，但每天要完成這麼多的事也不容易。後來我才知道，這種方法是走向大成功的「小成就」。

我就像個小時候沒玩過扮家家酒遊戲、長大後便沉迷其中的人，沉迷在初高中時期就應該要學會的瑣碎學習中，也不嫌丟臉，每天記錄、抄寫漢字、閱讀。

我很快就認知到自己是麻雀，沒必要一開始就想變鳳凰。麻雀想要變鳳凰，一不小心就會受到傷害，我怕自己不自量力，野心太大，結果半途而廢，而且我沒有信心每天做到那麼多無法勝任的事。

循序漸進是配合自己步伐前進的意思，唯有我所能承擔的步伐，才能在邁步時不覺驚恐、不知疲憊地繼續前行。

每一步的努力都不會白費

蘋果創辦人賈伯斯在史丹佛大學畢業典禮上發表演說時，說了這麼一番話：

「展望未來，你無法將點和點串連起來；只有在未來回顧時，才知道這一點一滴是如何連結在一起的。因此你必須相信，眼前你所做的種種努力，將來總有一天都會連貫起來。這種想法從來沒讓我失望，也改變了我的一生。」

喜歡抓住每一個創意，一一記下來的賈伯斯，將各個創意串連在一起，以創新技術和優美設計呈現在世人眼前。他一再重複從小地方做起、完成大目標的過程，因此他相信藉由筆記層層堆疊起來的「創意」力量，而不指望天上掉下來的「靈感」。結果，他也成了創新的象徵。

小勝戰略：確立小目標，堅持不懈

某個在美式足球隊裡擔任主力隊員的四分衛，在比賽中嚴重負傷，不得不退場。很可惜的是，這支球隊裡正式球員的人數不夠多，總教練嘆了口氣，看了看候補名單，能上場的隊員中只有從未上過職業舞台的青澀候補隊員。總教練把那名新手叫了過來，說道：

「聽著！你別想著自己正站在四分衛的位置上，只要把自己想成短傳球員就行。」

「好！」

「不，聽好了！你別緊張，你雖然站上了四分衛的位置，但你不是四分衛，所以只要無條件短傳就行，絕對不要長傳。」

總教練再三強調後，候補隊員才放鬆下來，明白了總教練的意思。總教練之所以強調短傳，是因爲他認爲，如果第一次站上大舞臺的年輕隊員在長傳過程中失敗，自信心將大幅下降，有可能會氣餒；相反地，短傳相對來說成功率較高，因此可以提高新手的自信心。這是美國密西根大學卡爾・韋克（Karl Weick）教授在介紹「小勝戰略」（Small Wins Strategy）時必不可少的插曲。

就像我確立小目標後堅持不懈地實踐，取得了目標證照一樣，希望大家不要把目標訂得太大，從當下能做的事情開始做起。

體會小成就的喜悅

讀書到底有什麼用？

雖然忘了是誰，但這個人提出的問題一直讓我如鯁在喉。

「背漢字到底有什麼用？」

當一個人說自己認眞學習，取得了三級、二級證書時，通常會聽到對方稱讚「了不起」或「眞厲害」。但是這個人如此直白的一句話，讓我一時啞口無言，只想找個地洞鑽進去。

沒錯！這些小挑戰和小成就對我來說到底有什麼意義？多學幾個英文單字，對我的人生有什麼幫助，多讀一本書又有什麼意義？

回到狼的故事。

不是習慣了好想法，就能讓存在於心底的狼在戰鬥中獲勝。如果光憑想像就能實現一切，就算躺著也能逆轉人生；遺憾的是，這只是一半的事實。餵養心狼的最佳食物不只是思考，還要靠身體力行取得的成果。

要理解這一點，首先就得先明白大腦的特性。在切羅基印第安人的故事中，狼代表我們的**心**，換個方式說，也就意味著**大腦**。所以餵養狼，就等於餵養大腦的意思。那麼，我們的大腦是如何吃下食物成長的呢？

大腦的學習方式

我幼時居住的那一帶是沒有完全開發的地區，破舊的房子櫛比鱗次，狹窄的小路比比皆是。那個地區有一座與山毗鄰的公園，原本有條連接山路的狹窄通道，但由於人來人往，草地逐漸減少，自然而然形成了可供兩人並肩而行的小徑。

幾十年過去，人們來來往往的這段時間裡，地被踏平了，附近居民就算不上山，也常利用這條路，不管是去鄰近的地區也好，去市中心也好，都會穿越這條小徑。這麼頻繁的來往，小徑兩旁就出現了可供人們聚集的空地。有一天，空地上多了長椅，還安裝了運動器材，於是就成了人們群聚的小公園。不久，這一帶出現了一條馬路，再也沒有必要走那條泥土路，但是已經習慣信步而行的老人家，不知不覺還是會往那個方向走去。我也曾經在陷入沉思之際，不經意就朝那個方向走去。

反覆接觸，腦中的小徑就會變成大道

在研究大腦特性時，我突然想起那時的情況，在大腦和數不盡的腳步所踩踏出來的道路之間找到了共同點。大腦透過刺激身體，也會像長時間人來人往形成道路一般，在特定腦細胞之間形成通道，也就是所謂的「突觸」

（Synapse）。如果強烈或長時間不斷反覆刺激，突觸就會像捆線團一樣變得越來越粗。那麼，變粗的突觸要如何啓動呢？

假設我們不斷練習看到A字母就想起「Alpha」這個單字，那麼A就成了會讓我們自動聯想到「Alpha」的字母。如果更進一步練習B是「Bravo」、C是「Charlie」的話，那麼每當我們看到A、B、C時，不會讀成字母「ABC」，而會讀成「Alpha、Bravo、Charlie」。就如同在熟稔摩斯密碼的人眼裡，會很自然將「•••———•••」解讀成求救信號「SOS」一樣。這是因爲我們的大腦反覆暴露在特定刺激之下，由模糊小徑逐漸形成明顯道路的緣故。

想像一下眼前有人昏倒，當我們目擊這一景象時，會根據銘刻在大腦裡的突觸，做出下列三種反應裡的哪一種？一、跑去幫忙；二、叫警察；三、繼續走自己的路。一開始會如何行動，答案掌握在大腦。大腦會根據銘刻在腦中的突觸，決定做出什麼樣的行動。

小，更小一點的成功

一直到二十出頭，我的大腦都在吃挫敗感長大，我對不管做什麼最後都會陷入絕望的人生死了心，覺得毫無東山再起的可能。「失敗」對我來說，是再熟悉不過的兩個字，我真的不知道該如何改變人生的航道。但我想，都已經到了最糟的谷底，再也沒有什麼可失去的了，我決定一階一階拾級而上。

- 我今天也成功背了兩個漢字
- 我今天也成功早上四點半起床
- 我今天也成功閱讀了一本書
- 我今天在讀完一本書後，也成功做到畫線部分的訣竅
- 我今天也成功地將一天中發生的事整理在筆記本裡

一百次心動不如一次行動，從眼前小事開始實行，把小事也貼上「成功」

的標籤。一天完成一件事，「小成就」便會逐漸開始累積。即使是一堆這麼小的成就，也在我的腦中堆疊起成功的經驗。而成功的經驗累積下來，就讓我擁有了不管做什麼都會成功的自信。

我的大腦認識到挑戰就是成功，內心的狼成功儲備了力量，迅速成長起來。很幸運地，我的大腦能以小成就為食物，不斷成長。

不要站在宏偉的立場上考慮成功的標準

「背漢字到底有什麼用？」

現在該回答開頭提到的質疑了！我當然知道這個人問的問題是什麼意思。考試前背誦的英文單字，將產生一、兩分的差距，成為跨越合格或不合格的關鍵；反觀漢字，在大學聯考或就業等關卡上不會有太大的幫助，所以他才會這麼問。但是我覺得用看報來背漢字並累積知識是一種幸福，而且漢字必須一個字一個字理解意義，可以培養思考能力。

我們往往把成功定義為「在他人眼中所實現的某種宏偉成就」。也就是說，必須畢業於名門大學、進入大企業、找到條件不比他人遜色的配偶、擁有一間好房子、具備撫養兩、三名子女的經濟能力、可以不用操心晚年的生活等。

若從這個標準來看，自然會聽到諸如「今天學習漢字對明天的好工作有什麼幫助？」「今天讀一本書對明天購置一間房子有什麼用？」「今天四點三十分起床對明天成為子女堅實經濟後盾有什麼用？」等的質疑。

現在，我們來換個問題吧。那麼，什麼對明天的好工作有用呢？什麼對明天購置一間房子有用呢？是股票、比特幣還是履歷？

不要站在宏偉的立場上考慮成功的標準，您是否夢想著十年、二十年後要過上什麼樣的生活，所以才會因為那遙遠的未來，而覺得自己現在做的小事微不足道，野心勃勃地想要伺機而動，逆轉人生。與其將人生寄託在這種微乎其微的可能上，還不如培養堂堂正正、積極向上的大腦，抬頭挺胸面對人生的各種問題。

韓非子說：

「江海不擇小助，故能成其富。」（出自《韓非子．大體》）

積沙就能成塔，積少就能成多；堤壩潰於蟻穴，有時可能就是因爲小事而耽誤大事。所以豐功偉業也絕非一蹴可幾，我們的未來會有什麼不同，就看今天如何累積小成就。爲了擁有比昨天更美好的今天，現在馬上從能力所及的小事開始做起吧！

打造積極的大腦

為了教甄意外受傷

退伍後，我以成爲體育教師爲目標，爲了準備教師甄試埋頭苦練。想到自己除了運動之外，別無一技在身，所以我整整一年全心投入運動。但是，我卻連自己韌帶斷了都不知道，運動過度之下終於傷了身體。

當我詢問能否復原時，醫生搖了搖頭。我無法接受這出乎意料的狀況，過去我能信賴的只有身體，現在它卻完全垮了，連我的精神似乎也跟著崩潰。幾個月過去，我始終窩在家裡，一步也邁不出家門。

我雖然想安慰自己「本來就一無所有，沒關係！」，但受傷的心卻絲毫不見好轉，因爲在我的人生中，身體是唯一「不會失敗」的資產——頭腦？那是國高中時期就已早早放棄的部分。因此在受傷的那一天，我第一次嘗到了絕望的滋味。如果是學習上的失敗，也許我會很自然地接受；但身體卻不同，在這之前能讓我小有成就感的就只有身體。

面對失敗，人們的第一個反應就是絕望。然而之後的反應分爲兩種，一種是絕望感持續或擴大，另一種是絕望感逐漸減少並加以克服。

當時的我屬於前者，身體垮了的同時，我也成了失敗者。我無法克服絕望感，眼前的失敗讓我變得無力。

來自過去的我的提醒

喜歡人群的我，幾個月來卻一直躲在房間的角落，於是好友前來找我，他是爲數不多熟知我過往的朋友。

他走進我亂得像倉庫一樣的房間，在常坐的位置上坐下。桌上堆放著飲料空瓶和被灰塵覆蓋的雜物，地上亂七八糟散落著衣服。

他拿起一本棄置在地上的書，做出翻開扉頁閱讀的樣子。我扭開頭，覺得書一點用處也沒有。他埋頭看書好半天，似乎是故意這麼做。過了一會兒他站起來，打開窗戶，陽光傾洩而入。

「大家都想知道你的消息。」

我沒有回答。

他背對我，把手伸向桌上，拿起一本書，用手撣了撣上面堆積的灰塵，把十本左右的書一本本小心翼翼用手撣乾淨後，整整齊齊地堆在桌上一角。他每撣一本書，就有白色的灰塵在陽光中揚起；他就這麼撣一本書，揚起一撮灰塵，交替進行著。

「你幹嘛啊？」

我氣呼呼地責問他，但他把最後一本書上的灰塵全都撣乾淨、堆放到桌上一角之後，才望著我說：

「不要活得像個廢人。」

「什麼？」

他咧嘴笑了。

「這句話是剛才寫在那本書上的，看起來是你寫的。」

那本書是在部隊裡讀過的嗎？我有寫過那樣的句子嗎？

那傢伙深深地望著我說：

「根瑢啊！我懷念叫我看書的你。你啊，還記得那時候跟我說了什麼嗎？你說，想改變人生的方向，就要走沒走過的路。」

我低頭看著塵埃落定的地板。

「不要這樣，這不像你。正如你所說的，天無絕人之路。」

那天，他在我的人生中留下了令我永難忘懷的一番話之後，才離開了我家。

朋友走了之後，我待在房間裡，默默盯著他整理過的那堆書，想著我在每一本書裡所投入的時間，想起我在這一本本書裡想學習的句子。於是沉潛在我記憶中的無數金句如落網的魚般，一句句翻騰而起。每次看到那些金句，我總像發現了珍貴寶石般在下方畫線，抄到筆記本裡去；每天讀完目標分量的頁數時，心中又是多麼的高興。

就是那個時候，我重新瀏覽了好友整理的書和排列在書架上的其他書，想在其中找到「另一條路」。爲了擺脫每天早上一睜眼就找上門來的不幸和挫折感，我想起好友帶笑的臉孔，想起過去的閱讀經歷，再度拾起了書。過去的成功經驗讓我的心充實起來，幾天後我感到一股「我做得到」的強烈自信從心底湧了上來，我的身體也開始蠢蠢欲動。

打造積極大腦的方法

有些人會說：「能寫出成功故事的人，都是得天獨厚的。」但我不會把處事態度的不同，歸因於先天的差異上，那純粹是因爲銘刻在大腦裡的「經驗差別」而已。任何人只要**每天都記得自己的小成功**，大腦必然會變得積極。

我把這稱為「打造積極的大腦」。據統計顯示，唱憂鬱歌曲的歌手中，自殺的人很多。是不是因為他們反覆唱著憂鬱歌曲的時候，連他們的靈魂都被歌曲的黑暗面給蠶食殆盡了呢？相反地，以反覆的成功經驗而擁有積極大腦的人，就傾向把失敗視為過程的一部分。對他們來說，失敗只是沒找到捷徑，而必須多繞點路的過程罷了，不代表放棄或落於人後，因此他們可以靠著積極之光，重新找到通往成功的道路。

我認為，以非語言舞台表演「亂打秀」①敲響世界市場的企畫者宋承煥，一定擁有積極的大腦迴路。聽說他在面對記者提出「進軍國外不辛苦嗎？」的問題時，總表現得很困惑。在記者的想像中，韓國的創作表演進軍紐約的過程大概很不容易吧，但是宋承煥卻認為挑戰本身很有意義，過程也很有趣，所以

①以韓國傳統音樂「四物打擊樂」為背景，詼諧有趣地演出在廚房裡所發生的趣事，表演中會邀請觀眾上台互動。

沒什麼辛苦的感覺。在韓國演藝界站穩腳步的他，在文化演出方面也歷經了無數的成功與失敗，並在這個過程中找到了他的路，掌握了突破自己的方法。這難道不是他享受挑戰、賦予過程某種意義，並將失敗視爲通往成功的另一條路嗎？

只要開始一日一行動，每天一定能累積成功經驗。如果能用這小小的成功填滿每一天，你也一定能擁有積極的大腦。

機會之門開啟

大腦喜歡的獎勵：回顧成功經驗

行爲心理學家史金納（Burrhus Frederic Skinner）透過行爲主義理論表示，「獎勵」對人類行爲的形成能產生很大的影響。當一個人做一件事的時候，如果能積極給予獎勵，他就會更認眞去完成。不管是物質或心理方面，人類沒有獎勵是不會輕易行動的。

我們爲怠惰找了各種藉口，對失敗抱持深深的恐懼，所以也不願意去嘗試，有時甚至連自己都不敢相信自己，以致一事無成。因此在處理困難的工作時，小小的獎勵就成了大大的力量。因爲大大小小的獎勵能強化內在動機，促使一個人迅速完成不想做的事，而且自己就可以給自己任何的獎勵。

如果在三十天內挑戰「每天閱讀二十頁」成功，以下四個選項中哪個是最好的獎勵？

- 盡情花用三十萬韓圜。
- 盡情玩樂一週。
- 稱讚自己做得好。
- 算算那期間總共讀了多少頁。

跟據史金納的理論，正確答案是「因人而異」，但所有人都不認為第四個選項是正經的獎勵。我們總是不把「回首來時路」視為獎勵，但令人驚訝的是，**我們的大腦卻會將回顧成功經驗的行為本身當成一種獎勵**。

現在馬上想想當年，回顧一下自己過去的成功經驗吧。是不是覺得有種心滿意足的感覺，自信心倍增？其實重點不在得到實質的獎勵，而是**透過大腦的獎勵機制加強了實踐的行為**。

我就是在第四個獎勵辦法中，發現了「小成就」才是眞正培養力量的最大因素。當兵時，我養成了每天回顧當天做過的挑戰，整理在筆記本裡的習慣。整理筆記是因爲在部隊裡必須寫修養日誌才開始的，但這眞的會讓我感到無比的滿足。整理一天工作之際，當我寫下今天背了幾個漢字、從第幾頁讀到第幾頁的時候，欣慰之情便油然而生。

偶爾我也會什麼都不做，就這樣過完一天。可是當這一天告終，而我知道今天什麼也沒得寫的時候，心情會感到無比沉重。我會因爲今天過得懶懶散散而生氣，心底同時湧起一股不安的感覺。

利用睡前記錄小成就，為今天畫下句點

睡前最好養成習慣，在筆記上記錄今天的小成就。透過這個過程，自然地爲今天畫下句點。句點在實踐上確實扮演重要關鍵，因爲如果沒有爲一天畫下

句點，心裡就會感到不舒坦，也會影響到明天的行程。最重要的是，**清清楚楚地整理這些小挑戰本身就是一種獎勵**。

就算當天的成就未達標，只要能好好畫下句點，也能取得類似的效果。只是今天沒有完成的事情會加重明天的負擔，所以總是延遲完成目標是不可取的。或許正因爲如此，才更加突顯小成就的重要。

自從下定決心要改變人生，我把「一天」作爲「小成就」的單位。因爲所謂「小成就」是由每天的挑戰和每天的終結爲要素所組成。

即使最終目標要到一年或三年後才能完成也無所謂，再怎麼長期的目標也必須成功度過「一天」這個實踐單位才行。只要有好的規畫，我現在就不用擔心一年後的事，**只要集中精神去做今天該做的事**，一天過一天，最後就一定能抵達一年後的目標。最重要的是，必須將今天的挑戰和終結綁在一起，**成套思考**。

第四章

一日一行動，培養好習慣

如果我無法掌控自己的時間，

就有人會試圖掌控我的時間。

一日一行動，養成閱讀習慣

我人生的第一本書是《刺魚》，爲什麼偏偏就是這本書呢？因爲我對自己要從什麼書開始讀起一點概念都沒有，何況在部隊這種地方也沒多少書，當時我所在的連隊裡連稱得上圖書館的場所都沒有，只在人來人往的地方放了幾個小書架而已。

因爲沒有專門負責管理圖書的士兵，誰借了書、誰捐了書都無從得知，所以書架上竟堆放了兩百到三百本左右的書！有些書一看就知道內容完全無法吸引人，有些則是太陳舊、完全不會想去碰，在觸手可及的幾本書之間，也就只有《刺魚》不管是書名還是封面都莫名吸引了我。但就結果來說，這本書除了給我「第一次讀完一本書」的喜悅之外，並沒有帶來什麼特別的感動。

要學習什麼？

之後，我選了一本自我啓發類的書作爲我的第二本書，這本書是名匠金奎煥的《母親，我成功了》（어머니 저는 해냈어요）。作者父母雙亡，只留下兩個年幼的妹妹，他在惡劣的條件下不放棄希望，不斷努力，終於獲得技術人員最尊榮的地位——「名匠」頭銜。成功人士克服困難的故事，對我的人生產生了很大的刺激與影響。

書中如電影般描述的成功故事，對於很少看書的我來說，再適合不過了。一個平凡人如何開創自己的人生，我讀著作者在逆境中勇敢挑戰的過程，不禁深深被說服。

從這一點來看，尋找足以當作**榜樣**的人生導師也相當重要。只要決定好自己想仿效的對象，原本如霧裡看花的迷茫前路，就會逐漸變得清晰起來，因爲有前路可循。最重要的是，努力學習榜樣的過程就是一種持續的刺激，在相互作用下，形成良性循環的發展。

在設定未來方向、激勵自己的過程中，榜樣扮演著非常重要的角色。最好能根據制定的目標和實際情況、生活脈絡，隨時更換榜樣。只要在心中選定榜樣，就能產生帶領成長的火車頭作用。

在我讀著足足三百五十六頁的書之際，就選擇了以金奎煥名匠爲榜樣，下定決心按照他的成功方法來學習。書中說，名匠金奎煥每逢人生的重要轉折點或危機時刻都會先設定目標，勇於挑戰。這句話不知道有多麼令我感動，一瞬間就吸引了我，讓我想學習他從設定目標開始著手的態度。

「跟著他的腳步試試看，先設定一個可以在部隊裡完成的目標——在退伍之前讀完一百本書，記住一千八百個漢字吧。」

既然設定了目標，當然也會設定時間，隨後也設定了一天的目標。再將目標反推、逐步細分之後，就開始了一天之內「閱讀五頁的書」和「記住兩個漢字」。當然這只是最起碼的目標，考慮的是平日裡可利用的時間，也做好假日投入較多時間的打算。

從一日一行動的觀點來看，描述成功故事的自我啓發書籍產生了很大的助益。閱讀他人的成功經驗正可反映出我內在的不足，賦予我更強烈、更積極的動機，因此我強力推薦閱讀逆轉人生的成功故事。

我的一讀一行動始於闔上書的那一刻，就像是看了一部感人的電影，心情激動，好幾天都無法脫離這股情緒的人一樣，爲了在現實中實踐閱讀瞬間的感動，我找到了應當效法的事情。而以作者爲師，尋找自己要學習的事情，就是讀者自己的責任了。

效法什麼學習？

但是，我們該效法什麼呢？其實書讀著讀著，就能感覺到**有些事情是作者想建議讀者去嘗試的**，就算沒有直截了當地表達「請試試看」，但一定會藉由某些句子讓讀者留下**「這很重要」**的印象，也就是作者透過自己的親身經歷，**想讓讀者知道**一些事情。

因此，假設你問作者以下這個問題：

「你是如何戰勝逆境走上現在這個位置的？」

我覺得名匠金奎煥會這樣回答——「不管面對什麼樣的危機，我會設定目標，勇敢挑戰」，這個啓示就是他爲我準備的禮物。在閱讀這本書的過程中，如果有句子或啓示銘刻在腦海或心中，那就是作者建議你要「效法」的事。

這種感覺**千萬不要用頭腦去找**，擅長做內容摘要的人通常不是用心，而是用頭腦來分析。但最要緊的是，「綜觀作者的故事，主題A最重要」這樣的結論，不該是用頭腦整理出來的，而是應該用**傾聽自己的心聲**來獲取。

不過，就算沒有這樣的感覺，書中一定也有我們該效法的事，那就是再三提起的訊息。有趣的是，自我啓發書籍裡類似的訊息會重複不斷提起，這種情況該如何解釋，因人而異。像我的話，原本就抱著學習的心態閱讀，所以會理解爲「因爲很重要，所以作者再三提及」。對於這類訊息，即使沒有太強烈的感覺，我還是會很努力地照做。

像這樣效法作者所傳達的訊息，讓我養成了如下的習慣：

- 早起
- 積極正向的心態
- 寫感恩日記
- 設定目標
- 從內心尋找答案

如果作者確實表達了「在內心尋找答案」之意的話，那麼書讀完後，就要付諸實際行動。每個人閱讀的目的都不一樣，有些人出於樂趣，有些人出於眼前的益處，我閱讀則不在於享受樂趣，閱讀本身的樂趣只是附帶的，我更關心的是自我創新，所以把全部的力量都投入到「依書實踐」上。

有助實踐的閱讀法

根據不同的目標，便有相應的閱讀習慣。如果詢問一個把書當成安眠藥、習慣睡前閱讀的人，他的閱讀習慣如何，他可能會回答：「我習慣洗好澡，換上睡衣，打開小夜燈或小照明燈，躺在床上看書。」如果是一個對日常生活感到無聊難耐的人，一旦沉迷於武俠或科幻小說裡就會忘了時間，想一口氣讀完。如果是像這樣以「消磨時間」爲目的來閱讀的人，會覺得「旁邊如果有一包餅乾或一杯咖啡，更是錦上添花」吧。

但是我的情況不同，我閱讀是因爲「有助於改變人生」，爲了達到一讀一行動的目的，我有如下的四種獨門閱讀法。

第一、不是以時間，而是以書的目錄來決定一天的閱讀量。一天要閱讀多少頁呢？很多人都是以時間爲標準來計畫，規定自己「一天看書一小時或兩小時」，但如此一來就會發生各式各樣的問題，往往會出現想趕緊將閱讀從一天例行公事裡「解決掉」的傾向，那就會變成以解決一本書爲目標，書的內容則擺在其次。

每本書都有各自的走向，而完整呈現這個脈絡的，就是目錄。目錄是指南針，告訴我們內容讀到哪裡要告一段落。無視目錄的存在，走向就會在中途啪地中斷。這個問題在次日閱讀時會變得更加明顯，當今天想從昨天讀到的地方開始接下去繼續閱讀時，因爲不是從下一個段落而是從段落的中間開始讀起，很難立即掌握內容的脈絡，必須重新閱讀上下文才能掌握內容，說不定還得從該頁第一行或該章開頭部分重新讀起。

很多人書讀了是讀了，卻沒能在心中留下印象，我也犯過類似的錯誤。爲了將這樣的錯誤降到最低，就必須養成**以內容、以目錄為中心的閱讀習慣**。

第二、以立體的方式閱讀。如果不想囫圇吞棗地讀完一本書，就必須最大限度地活用五感。也就是說，不只用眼睛讀書，還要用手一起讀。在書上畫線是最基本的，還可以在重點處上色，也別忘了在書的空白處筆記。

用手閱讀就得有筆，畫線、重點上色、在空白處筆記，這三種情況都必須用到筆。配合不同的用途準備好合適的筆，還能享受在文具世界中尋寶的樂趣。用各種不同顏色的螢光筆上色，用較粗的筆畫線，感受筆尖的觸感之際，也寫下自己的想法，將單調的閱讀改成多樣化的活動來進行。

我個人比較偏向畫線。畫線對集中精神閱讀有很大的幫助，就像**進出作者的大腦**一樣，會拉近與書籍之間的距離，還能有種認眞學習的感覺。

至於顏色，我使用的種類很多，一點也不排斥書頁變得花花綠綠的。看到想記住或想抄下來的內容，如果能用螢光筆上色的話，以後只要讀取該部分就能做出重點摘要，而且上色在視覺上也深具提醒效果：紅色是難以理解的部分，藍色是拍案叫絕的部分——像這樣加以區分使用，效果便更加顯著。

在空白處作筆記是一個重要的過程，就是在頁邊的空白處寫下「自己的想法」。閱讀時往往會出現疑問或有想法一閃而過，在空白處筆記就是抓住那些想法記錄下來，這個過程也可以算是爲寫書、寫部落格文章等「產出」（output，又稱輸出）的準備階段。有時只是羅列斷斷續續的單詞，大部分頂多就是一、兩個句子而已。即便如此，只要能挑出關鍵字寫成完整的句子，就能有條理地帶出自己的想法。

寫下閱讀一本書的**開始和結束日期**，也是很好的方法，記錄日期本身就給人讀完一本書的滿足感。我讀書超過十五年，還發現在空白處筆記的其他好處。當我重新翻開以前讀過的書，寫在空白處的筆記對於確認過去那一段時間裡我的想法發生了什麼樣的變化，有很大的幫助。這不僅確認了我的成長，給了我更多的動力，也在看著筆記內容的同時，讓我的想法有更進一步的發展。

就像這樣，閱讀時不管是摘要、疑問，還是創意，如果能好好利用書籍的空白處，將這些想法整理下來，就能完全吸收書籍中的情報與知識。

第三、把書擺放在桌子上。我不是書架派，即使是讀完的書也依然放在書桌上。以前一直努力想把讀過的書整整齊齊排放在書架上，但後來發現這並非是好習慣。把書整齊排放在書架上這個行為本身不是問題，但這本書卻因此在我心裡完全消失，這才是大問題。書要近在咫尺，才能讓人不斷**回想**，並在如此回想的過程中將書的內容保存下來，成為**長期記憶**。如果書散放在各個角落，就會在不經意中一再看到該書的書名，不時想起書的內容。如果沒有餘力把書重讀一次，至少也應該記住書名和作者吧；就算只記住書名和作者，日後在報章媒體上只要一看到那個名字，也能馬上認出來，就會想看看那位作者又寫了些什麼，進而擴展學習領域或掌握情報。

第四、讀完書要寫心得。就算簡單一點也沒關係，寫閱讀日記也可以。很多以閱讀法爲題材的書籍都建議讀完書要寫後記，有人說這是爲了要將讀過的書化爲己有，也有人說這是確認自己理解程度的過程，還有人在這個基礎上進一步超越書籍本身，表示「這是一個打造自己作品的過程」。讀後心得顯然與體現有關，所以長度不拘，甚至不必爲了閱讀日記特意做筆記。如果有日記本，簡單寫在日記本裡也不錯。

再強調一次，每天讀一本書不是一種愛好，如果你想留下些什麼，就需要有合適的原則。

想要有產出的話

竹子在生長時會出現暫時停止成長的時期，在這段休眠期會形成竹節，竹節就成了竹子下一階段成長的踏板。據說汽油桶剛問世時，表面像飲料罐一樣十分光滑，但只要碰到小撞擊就會扭曲變形，所以有人就從竹子身上得到靈感，把油桶外觀做成一節一節的。外形雖然變得凹凸不平，但得益於此，強度卻硬了四倍之多。

實踐這件事也需要有「節」，在實踐過程中如果能置入「節」，就等於有了成長的踏板。想要有產出，就必須嘗試形成能提高水準的「節」，而產出則意指「言之有物」。如此一來，就算沒有作者協助，也能靠自己的力量實現目標。

那麼，產出會在哪個時刻出現呢？以私人圖書館「黑貓大樓」聞名於世的日本知名作家立花隆，曾經爲了寫一本書，事先閱讀了至少五百本書。對他來說，「五百」這個數字就成了他達到產出目的所形成的「節」單位。他以著作涵蓋自然科學、宇宙、技術、國際政治、藝術、哲學、宗教、腦科學、文明、神話、歷史等多方面領域而聞名。

管理學大師彼得．杜拉克（Peter Drucker）二十多歲就在德國法蘭克福從事記者工作，基於「想成爲全方位的記者就需要多方面學習」的想法，他每三到四年就改變報導主題，在六十年期間持續不斷地學習。對他來說，三到四年的時間就是他爲了產出而形成的「節」單位。

不管是立花隆的五百本或是杜拉克的三年，都是形成「節」的單位。五百本或三年自然無法完全掌握該領域的全部知識，但至少可以達到言之有物，也就是有所產出的水準。

感覺太遙不可及了嗎？別這樣想！只要不是想爬到和他們同樣的高度，可以把五百本減少到一百本，把三年縮短爲一年或半年都沒關係。重點不是數字，而是節的形成。你可以自己決定單位，**練習打造成長的踏板**，以半年或一年爲單位都可以，閱讀五十本或一百本任君決定。只不過爲了突破這個局限，必須擁有將所學表達出來的自信，當你做到這一點時，閱讀能力就會「升級」。

我曾經以一年作爲「節」的單位，想要瘋狂地挑戰閱讀，因此立下了「一年讀完三百六十五本書」的計畫。按照計畫實行之後，就突然很想寫書，於是就開了部落格。

在我寫完第一本書《一讀一行：從魯蛇到人生贏家的自我充實法》之後，要形成下一個「節」就變得非常容易。不到一年，我又出版了《阿德勒的生活日誌》，接下來不到一年又出版了《筆記的力量》。而且我還繼續在部落格貼文，然後現在又寫了這本書。

如果我能早點有所產出的話，那該有多好！所以當我們在閱讀的同時，一定要將「產出」放在心上，如此一來過去所有的想像，就有了美夢成眞的可能。

一日一行動，養成學習習慣

當初下定決心要開始閱讀之後，長期以來最困擾我的就是「生詞」。如果不是重要詞彙，無視或根據上下文推測跳過去也就算了；但是碰到與核心內容有關卻看不懂的生詞，進度便停滯不前，甚至會讓人感到煩躁。解決的方法，有時是請教身邊的人，有時就只好拚命查辭典。但這不是長久之計，必須實踐根本的解決之道，也就是「增加詞彙量」。

學習的目的是什麼？

在我不認識的生詞中，絕大多數是漢字，因爲韓語中大部分的詞彙都是由漢字組成，因此對我來說，增加詞彙量的主要方法就是學習漢字。

就在我一面學習漢字，一面閱讀書籍時，有天出現了一個我從沒見過的生詞。這是什麼意思啊？我心想：「這個漢字不知道是不是這個意思？」便很自然地類推了一下這個漢字的意思，沒想到一查辭典就發現我猜得沒錯，那時的喜悅眞是筆墨難以形容，足以媲美不識字的老阿嬤脫離文盲行列，回家趕緊把孫子寫給她的整疊信全拿出來讀一遍那樣歡天喜地！

如果身邊都是書卻看不懂，無疑是畫餠充飢罷了。學習生詞的努力成果，更增添了我對閱讀的樂趣。所有的事都一樣，要突破局限不是那麼容易，但突破後得到的回報卻是金錢買不到的無價之寶。

周圍的人勸我：「爲什麼要學漢字呢？學英語、日語或中文會話不是更有用嗎？」但在學了漢字之後，我的生活確實有了很大的提升。

第一、隨著詞彙量的增加，閱讀的深度也發生了變化。當我跨越以漢字詞彙較少的書籍爲主的初級階段，開始閱讀古文經典和人文領域的書籍時，從詞彙開始就有所不同。如果之前已經透過學習漢字增加詞彙量，這時在閱讀上就會輕鬆許多。

第二、掌握了學習訣竅。我所需要的漢字學習，只要能讀寫就夠了，沒必要像學習英語一樣，還要懂得文法，也不會因爲發音而備感壓力。如果只是以閱讀中文原典爲目標，學習的重點雖然稍有不同，但如果像我這樣，只是想透過增加詞彙量達到輕鬆閱讀的目的，能夠讀寫漢字的程度就很足夠了。

學習一定要有目的，如果想學好英語會話，就不該埋頭學文法，而該學習符合口語的表達方式，並講究發音才是重點；如果想成爲一人媒體創作者，就該循序學習攝影和影像編輯技術才對。每個人都應該按照自己的目的，制定不同的學習方法。

設定一天的學習量

近來應用程式（APP）為人們解決了很多問題，不需要再像以前一樣另外攜帶漢字辭典或電子辭典，只要把應用程式安裝在智慧型手機上，設定好一天的目標量來背誦即可。下載的漢字學習應用程式裡，大部分都會設有不同級別的漢字，可以從五級開始，也可以從三級開始。①

要注意的是，雖然學習條件方便許多，但學習原理卻沒有太大的不同，最好一開始目標訂得小一點，等產生了興趣再說。之後若正式開始學習，在達到一定水準之前，每天必須認真抽出一、兩個小時來學習。

人不同，條件不同，需要的時間也不同。我在幾乎擠不出時間的部隊裡，

① 韓國國內設有漢字檢定考試，為獲得韓國政府認證的民間證照考試。根據語文學會的標準，通常分為一到八級：八級至五級（五百字）為小學程度、四級（一千字）為中學程度、三級（一千八百一十七字）為高中程度、二級（二千三百五十五字）為大學程度、一級（三千五百字）為專家程度。

只能設定「一天背兩個漢字」這種最簡單樸實的目標。這樣學習下來，不僅產生了興趣，連學習量也自然而然增加。起初一天兩個漢字的目標，到了一個月之後便向上調整爲一天五個漢字。

我在背漢字的時候，有個原則：「一秒內讀不出來的話就背不起來」，就以下列這排漢字爲例說明。

家、價、可、加、假、歌、街②

光看漢字，並不知道是什麼意思，但如果能自然地從嘴裡念出「家庭的家」「價錢的價」「可以的可」「加減的加」「假裝的假」「歌曲的歌」「街道的街」，那就算是記住了。萬一有哪個字無法立即脫口而出，就把那個字歸到「還無法記住」的類別裡，下次一定要背起來。

那麼一天投資一、兩個小時學漢字，得持續到什麼時候呢？至少到三級爲止，最好每天都投資一點時間學習。

到了這個程度，就等於足足認識了一千八百個漢字。各級別都有必須記住的漢字字數，以下提供參考：五級爲五百字、四級爲一千字、三級約一千八百字。三級的一千八百字尤其重要，因爲韓國教育部規定的常用漢字就是這一千八百字；換句話說，只要記住這一千八百個漢字，就可以輕鬆讀懂一般公共機構所使用的全部漢字。

一日一行動學習法

再回到我的一日一行動學習法，關於漢字學習的重點整理如下：

②這些漢字的韓文讀音都讀成「가」（ka）。

・下載漢字學習應用程式
・每天按時背誦一、兩個小時
・看到漢字若無法在一秒之內說出音義的話，就移動到「默背本」
・重背沒背起來的漢字
・在至少達到三級（約一千八百字）的程度前，不斷重複以上過程

一開始決定一天的學習量時，最好不要訂得太多。勉為其難的目標，反而會因為無法完成一天的預定量，而不斷延宕，到最後整個計畫告吹。千萬不要好高騖遠，每天給自己一點成就感，堅持不斷地學習才是最好的方法。

制定學習策略

如果真的下定決心要挑戰漢字檢定二級，也有人一個月就通過，但是卻

會產生一個問題：通常拿到二級證照後，若是中斷學習，一個月就會全部忘光光。我也碰過這樣的情況，所以找了以下幾項對應方案。

一旦通過二級檢定考試後，接下來的學習目標就會有所不同。此時雖然有了一定程度的閱讀能力，但並不代表這些漢字已經在腦子裡扎根。爲了化爲己有，就必須學會如何**使用**。有一天若我能遊刃有餘地使用漢字，那時不管在什麼情況下看到漢字，都一定能流暢地閱讀，那才眞的是如虎添翼。

爲此，我買了不少嘉言錄，《菜根譚》也是其中之一，還安裝了可代替辭典檢索漢字的應用程式，然後設立目標：每天早上不多不少只手抄一頁。

《菜根譚》裡並沒有同時附上漢字，這是我爲了邊讀邊寫漢字而故意挑選的書。早上讀點佳句名言，心情也會變得開朗。《菜根譚》是由簡短句子所組成的嘉言錄，很適合斷句閱讀，抄錄也很輕鬆。當我品味嘉言深意、結束閱讀之際，剛好在筆記本上抄滿一頁。

當時我已經開始用漢字寫筆記，因此能夠抄寫一定程度的漢字。儘管如此，起初一句話裡還是有三〇%以上是我不認識的漢字，所以只好邊查邊抄。

每天這麼抄寫，對已經學會的漢字會有更深的體會，不認識的漢字則納入記憶庫中，最後還是遵照我的「一秒原則」，背不起來的漢字就另外歸類下次再背。

學習方法因目的而異。如果還沒有什麼基礎，就必須先記住單個漢字，從背誦開始做起；如果一看到漢字詞彙就能馬上理解意思的話，就可以進入即使閱讀的是韓文書籍，也能自動聯想到外語的階段。就像這樣，必須細分階段，逐步制定學習策略。

不管是哪種語言，若想化爲己有，都必須達到像自動販賣機般一按就出的程度才行，如此才能自如地在口說與寫作上運用該語言。

有些漢字怎麼背都背不起來，怎麼用力敲頭也吐不出音義，爲了解決這個問題，我採用了以下兩種方法。

第一、活用日記。一旦碰上陌生的詞彙，我就會另外寫在便利貼上，或是移到應用程式裡的默背本，下次再背。不過就算這麼做，還是有眞的很難背起來的生詞。那麼，我就會把這個生詞抄在日記本的明天行程中。

日記每天看、每天寫，爲了確認日程翻開日記時，迎面就會看到那個傷腦筋的漢字，那就再看、再背。如果還是背不起來，那就繼續抄在次日的日程裡，到了第二天，又會遇上那個漢字詞彙。透過明日復明日，讓眼睛熟悉生詞的方式，不出兩、三天就能背起來。當然，如果期間又有新接觸的漢字，也可以用同樣的方法：1.寫在便利貼上（或移入默背本裡）；2.再看一次，還背不起來的話，就寫到日記本裡的明日行程中以便複習。透過這樣的複習流程讓眼睛熟悉這個字，是最重要的核心方法。

第二、試著造句。假設常常想不起下列的漢字詞彙：

「複習、徹底、恩德、報答、感激、抱負、風趣、昏迷、倨傲、傲慢、地獄、貪欲、警戒、期待、和諧」

那麼，就把幾天來都背不起來的這些漢字詞彙湊一湊，以此爲基礎造句：

「徹底複習。徹底非常重要。複習得徹底，才能報答教導者的恩德。非報答不可。讓他們爲之感激。感激我對複習的努力，要讓這份功勞得到認可。男子漢要有很大的抱負。讓世人都爲之感激的大抱負。要風趣又迷人。讀書要認眞到精神恍惚的程度。讀書讀到精神恍惚，這就是答案。態度不要倨傲，不要傲慢。倨傲和傲慢只會拉我下地獄。眞的會下地獄，好好銘記在心。不只是倨傲和傲慢，還要警戒貪欲。未來的人生眞令人期待。眞的好期待呀！很好，非常好。我期待未來的人生。還要與人和諧相處，和諧！」

這些句子既不是要給別人看，也沒什麼特別的意義，只是爲了使用那些漢字造句而已，所以句子顯得有點奇怪，但只要合乎目的就行。我把這些句子直接寫在筆記本上，記不住的漢字寫在日記裡，經常看就記住了。

那麼，在練習造句的過程中，我便掌握了這些漢字。

英語學習也是一樣，如果背不好單字，就得把句子整個背下來。如同韓國名導金敏植（音譯）認爲學習英語最好的祕訣便是「把基礎會話書整本背下來」，既然是熟悉句子的基本結構和背誦單詞的有效策略，就應該照做才對。

順帶一提，在這個階段有一點需要注意。如果下定決心要透過學習來提升自我價值，不推薦以時間爲單位的學習計畫。當然，一天的時間有限，所以也可以透過時間管理來進行自我管理。

但此時的學習屬於融會貫通的階段，最好要有個圓滿的結束。因此建議不要按照「時間」，而要按照「項目類別」來制定計畫。也就是說，採取以今天要掌握這部分的內容，或完全搞懂這本書的哪一章的方式。不過在決定學習量時，必須確保處理其他工作的同時還有餘力兼顧，這樣才不會因爲時間不足半途而廢。

學以致用才能散發光采

每天花一、兩個小時學習漢字，持續約三個月就能達到三級水準；如果能堅持抄寫嘉言錄或造句連續三個月，一定能寫出二級水準以上的漢字。

學海無涯，但仍舊有挑戰更高水準的學習方法，那就是抄寫社論。

以前我曾訂閱《中央日報》和《東亞日報》，翻開社論部分，將裡面的漢字詞彙改用漢字標記抄寫，同時也檢驗自己的漢字實力，提高學習水準。在網上閱讀新聞時，看到主題十分吸引人的社論，也可以立刻在日記或筆記的空白處抄下來。

這雖然和抄寫嘉言錄的方法有點類似，但還是有不同之處。如果說抄寫嘉言錄最大的目的，是爲了讓漢字詞彙能隨時脫口而出，那麼抄社論最大的目的，就在於這是一個將漢字完全化爲已有的機會，還能將學過的漢字牢記在心。到了這個階段，已經幾乎沒有不認識的漢字，也不需要查詢漢字應用程式了。但學習漢字如果缺乏毅力，無法天天不間斷地抄寫練習，很容易就會忘記，因此無論如何都必須找到能在日常生活中活用的方法。

抄社論也意味著不需要另行規畫漢字學習時間。不過，也不一定非得抄社論不可，只要時不時檢驗一下自己的漢字實力，持續磨練才是最重要的。

這樣堅持下來，就到了體認自己實力的時候。我讀《三國志》時，就親身感受到過去的漢字學習並非徒勞無功。例如，看到「捲土重來」，我馬上能從腦中的四字成語庫找到這個成語的意思，這時的喜悅千言萬語也難以形容。

這個例子只是衆多經驗之一罷了，實際上在我學習漢字的同時，對書籍的恐懼也消失許多。無論讀什麼書，因爲生詞太多而覺得書很難理解的情況大幅減少，自信心也油然而生，**不管什麼書都能一讀到底**。

尤其是在進入仍舊大量使用漢字的領域時，也成了一大助益。房地產投資就是一個例子，必須理解相關的法律措施，才能從事，但在查看法條時，我才發現全是一堆堆的漢字。這時，之前累積的漢字實力便散發出耀眼的光采，幾乎讓我懷疑其實學習漢字就是爲了投資房地產所做的事先準備，眞的給了我很大的幫助。

就像這樣，學習和生活的各個領域連結在一起，就算不是用在考試或就業，但總有一天一定用得到。即使不是單純只爲評量、只爲在競爭中獲勝的學習也沒關係，**無論是哪種學習，只要認眞去做，累積實力，就一定有用得上的一天**。

養成一日一行動的讀書習慣，盡情享受學習樂趣吧！化知識爲己用，創造更豐富的生活。

一日一行動，養成運動習慣

為什麼要運動？

不知從什麼時候開始，「塑身」和「自我啓發」這兩個關鍵詞被綁在一起，很多人到健身房或游泳池加入會員，爲改變人生踏出第一步。爲什麼會將運動視爲改變的起點呢？理由如下：

第一、為了培養體力。自我啓發並非指中斷原本正在做的事去進行新工作，而是指在進行中的事情上再多加一些新事項的意思。因此，若沒有體力做後盾，便會陷入連精神都被削弱的惡性循環中。

第二、為了恢復健康。近來人們都討厭運動，只要手上有智慧型手機，躺一整天都沒問題。宵夜文化也有礙健康，不僅會降低消化功能，還有罹患各種疾病的風險，這些不良的生活習慣對健康的危害不言而喻。藉由運動，便能刺激全身，改善血液循環，解決錯誤的生活習慣所造成的問題。不管是經常胃痛，還是夜裡失眠睡不好、飽受慢性疲勞所苦的人，只要堅持運動，就能在幾個月內恢復健康。

第三、為了更有自信。只要堅持運動，無論男女，身體都會充滿活力。照鏡子一看，自己的模樣變得更加美好，朋友見到自己時的反應也大不同，自信便會油然而生，有種不管做什麼都能一帆風順的感覺。

第四、為了提高專注力。每個人都同樣擁有一天二十四個小時，爲了充分運用這有限的資源，就必須提高專注力。

韓國教育廣播電台「新聞G」頻道的「運動提高成績」的節目中，就介紹過運動的效果。每天早上運動一小時才去上課的學生，比起早上不運動直接去上課的學生，在學業成績上出現極大的差別，也就是運動會刺激大腦，提高專注力。

最近的腦科學研究也發現，有氧運動不僅能讓心情變好，還能強化大腦功能。換句話說，健康的身體會提升大腦功能，改善學習效果。

縮短睡眠時間，勉強熬夜用功的努力是有限的，必須透過運動來加強體力。

一定要有毅力

那是五年前的事了。當時我還在主持韓國「一流人才」（Awesome People）的讀書社群網站和聚會。這個讀書會是爲了讓志同道合的人聚在一起鞏固情誼，達到自我啓發的目的才舉辦的。

在那次聚會中，一名身材高大、體態臃腫的年輕人走了進來，他在病毒式行銷（Viral Marketing）公司上班，下班後就會來參加聚會，因爲體型的關係，占據好大一個位置。他手上捧著和他骨節粗大的壯碩體形一點也不相稱的書，牢牢地守住自己的位置。聚會結束後，我們也會交談幾句，便逐漸熟了起來。

他對自我啓發也很感興趣，對未來的生活也感到不安。他和我處境相似，我們兩人雖然都被拴在沒多好的職場裡，但都積極尋求方法，打造比今天更好的明天。但我們兩人之間有一個相異點：他和我不同，對實踐缺乏毅力。體重超過一百公斤的他很想減重，但他天生就是個喜歡享受美食、食量很大的人，很難控制飲食。

減重唯一的方法就是運動，再怎麼挨餓，不運動也是徒勞無功。因此對他這個很難控制食量的人來說，運動是最好的解決之道。一流人才網站在那個時期正好會員數量暴增，因此除了讀書會，也開設了各種愛好的聚會，自行車聚就是其中之一。正好我就是車聚的帶領人，自然建議他參加，但每週只有一次的騎行，能有多大的效果呢？

「下班後到盤浦漢江公園來，每天一起騎自行車。」

他乖乖地點頭。

首先，得換輛自行車才行。比起只能在附近繞一繞的休閒自行車，他需要的是適合運動騎行的自行車。於是，我和他一起到自行車專賣店，挑選了選手級越野自行車。越野自行車的車輪很薄，車座幾乎和手把等高，必須彎下腰來騎。這是一台將空氣阻力降到最低，能快速換檔的自行車，價格約爲四十多萬韓圜（約一萬多台幣）。這個價位的自行車，作爲人生第一台自行車毫不遜色。雖然不是一筆小錢，但他不知道在高興什麼，毫不吝嗇地打開皮夾付錢。

我們每天晚上七點左右在盤浦漢江公園碰面，開始騎車。爲了照顧對自行車還不太熟悉的他，我總是騎在前方，他跟在後面，目標是從盤浦漢江公園騎到汝矣島，總共七公里。若按照我平常的速度，只要騎十分鐘就夠了，但考慮到他的能力，我把速度減半，控制在二十五到三十分鐘內抵達。即便如此，他仍舊騎得上氣不接下氣，大汗淋漓。

剛開始的幾天主要在調整姿勢，熟悉呼吸法。我騎在前面帶他，覺得可以了，便放慢速度騎在他後面，觀察他踩踏板和呼吸的模樣等整體姿勢。他就像個身體沉重的歐吉桑，以雙腿大張的姿勢騎車。

「雙腿合攏。」「注意你的呼吸。」

幾天後，他開始超越我騎在前面。我也不甘示弱，加快速度騎到他前面，這也成了激發他好勝心的最好方式。

我決定以縮短繞行一圈的時間爲目標，如果能維持一定以上的速度，便可同時得到鍛鍊肌肉和有氧運動的雙重效果，因此中途盡可能不停頓。

原本要花三十分鐘才能騎到汝矣島，但我們越騎越快，騎行時間逐漸縮短，過了一星期左右，只花了二十多分鐘就抵達終點；又過了一個星期，就花不到二十分鐘；到了騎行滿一個月之際，我們創下了十二分鐘的最高紀錄。

當然，我們的自行車騎行並未就此結束。騎到汝矣島之後，再騎回出發地盤浦漢江公園，之後各自騎車回家。我覺得既然已經開始進行這項運動，有必要稍微增加強度，所以從購買自行車那天起，兩人就約好不再搭乘大眾運輸工具，從家裡騎到公司，再從公司騎到盤浦漢江公園，從盤浦漢江公園騎到汝矣島折返點，再騎到盤浦漢江公園，然後再騎回家。我們每天騎自行車跑來跑去，騎到臀部都磨出水泡來。

如果沒有自信獨自堅持不懈地運動，最好找個可以一起運動的朋友。人很容易打破對自己的約定，卻很難打破和朋友的約定，也就不會輕易放棄。最重要的是，如果能在快堅持不下去時互相鼓勵，一起度過難關，還能達到增進友誼的效果，一舉兩得。

絕對不能失去樂趣

運動到了一定階段，就會感到厭煩。想克服瓶頸，就必須為運動增添「樂趣」。

我和上述那位騎自行車的朋友一起運動了六個月，給了他以下的樂趣：

第一、照相。這和他的工作或興趣有關。他在公司裡從事病毒式行銷業務，也和我一起做部落格行銷，自然對拍攝相片或影片、影像編輯也產生了興趣。所以我建議他，可以將和我一起騎行時吸引他目光的風景跟人事物用相機捕捉下來，他也興高采烈接受了這項建議。

不久，他真的把相機放在背包裡騎行，也因此我們不時得停下腳步。

「瑢哥，等一下，我拍個照！」

不管到哪裡他都帶著相機，結果就連一流人才的聚會照片也是他拍攝的。在健身房結束運動後，他也一定會拍照。尤其健身初期就算只是稍微運動，肌腱也會賁起，拍起照來很有意思。以照片記錄運動的效果，親眼確認的過程充滿了樂趣，這就是回報。

第二、按週改變訓練方式。健身不是簡單的運動，騎自行車至少沿途有風景變化，不會覺得無聊，迎風奔馳時心情也無比痛快；尤其一旦嘗到了速度感，那滋味簡直不知道該怎麼形容才好。對操作自行車有了一定程度的熟悉之後，就會在腿上加把勁，臀部離開坐墊，彷彿要和汽車較量一般瘋狂地踩踏板。嘗過這種速度感滋味的人，就完全離不開自行車，很少會感到單調乏味或一成不變。

相反地，健身則是每一瞬間都和身體極限進行較量。如果不是對健身上了癮的人，通常會因爲這種痛苦而備感吃力。難怪國家代表選手每次進入泰陵選手村時都會說，心情就像是被牽到屠宰場的牛似的。

因此就必須費盡心思，爲健身尋找更多的樂趣，更換教練就是出於這個原因。我剛好有幾個朋友在附近當健身教練，其中一個朋友因爲身材太健美，還被稱爲媲美李小龍的「崔小龍」，另外也有朋友在韓國國內健美大會上獲得金牌獎。但如果一直跟著同一位教練學習，久而久之可能讓運動變得枯燥乏味，所以我介紹了一些朋友給他，建議他每週更換教練。換教練不僅能擺脫一成不變的單調練習，而且在與新教練見面時，多少也會有點緊張，更要打起精神練習。

跟隨好幾位教練練習，久了之後就能了解各教練的不同點和他們共同強調的核心重點。那麼以後獨自運動時就能有個標準，判斷什麼該做、什麼不該做。

第三、打賭。對好勝心強的人來說，沒有比打賭更好的刺激了。我和他因爲不同的理由開始健身，我爲了增重，他爲了減重。雖然數字應該指向的方向正好相反，但不管怎樣，我們都必須運動，所以我倆就打了個賭。

「我們來打賭吧！」

「打什麼賭？」

「一週內靠運動，我增重一公斤，你減重一公斤。」

「輸了的話呢？」

「輸的人要給贏的人十萬韓圜。」

「沒問題！」

就這樣，我們在好勝心的煽風點火之下，更加愉快地運動。

特別是對沒有運動習慣的人來說，運動是一個漫長又艱苦的過程，所以不要忘記在這個過程中融入樂趣。

毅力創造奇蹟

如果你仔細觀察從來沒喝過咖啡的人對咖啡上癮的完整過程，會發現如下的現象。

一開始喝的是三合一即溶咖啡，疲倦時喝一杯「香甜」的咖啡，美好的滋味讓人有疲勞一掃而空的感覺。就算是不喜歡喝咖啡的人，也很容易被三合一即溶咖啡的香甜所征服。

第二階段是加入濃濃奶香的拿鐵咖啡。享受過香甜三合一即溶咖啡的人，有一天被無意間品嘗到的拿鐵給迷住了；再加上能聞到香醇的牛奶味和濃濃的咖啡味，就算不甜，還是會愛上那種滋味。那麼接下來呢？

接下來就輪到美式咖啡了！到了這個階段就懂得品嘗苦味和酸味的差別，慢慢也嘗試喝美式咖啡，增加咖啡豆顆粒數，懂得餘韻的滋味。

既然到了美式咖啡的階段，那也差不多到達目的地了，咖啡的世界即將開啓。現在，酸味、濃味、苦味都嘗試過了，該進入咖啡的世界尋找自己喜歡的獨特口味了！

一個咖啡門外漢就像這樣從加糖咖啡起步，逐漸踏上感受咖啡深度滋味的階段。

樂趣就像是砂糖，起到了在挑戰中添加「香甜」滋味的作用，帶給大腦即刻歡愉的回報。如果能利用這種愉悅作爲實現更大目標的手段，就能爲生活帶來積極的變化，讓人更加滿意自己的生活。如此一來，不僅會忠實履行每天制定的目標，還會爲了取得更大的成果而努力。

我剛開始閱讀時，很難理解那些鉛字中毒者怎麼能讀那麼多書。每次看到沒有書就去讀有活字印刷的報紙啦、商品標籤的那些人，就會覺得他們很奇怪。但在長時間埋頭閱讀之後，最近我似乎也明白了他們感受到的閱讀樂趣是怎麼一回事。不管怎樣，樂趣對於猶豫要不要去做的人來說是最有效的誘餌，而這誘餌將帶來巨大的變化。

開始運動三個月左右，那位年輕朋友的身體出現明顯變化，參加每週讀書會的人看到他，都一臉驚訝地對他說：

「你瘦了好多！」

這還不算什麼。

「你最近在運動嗎？變得好帥喔！」

來參加聚會的人對他讚不絕口，也讓他備感驕傲，有一天甚至還穿著緊身衣出現。即使以同爲男人的眼光來看，也覺得他變得帥氣多了，胸膛挺闊，肌肉相當厚實，就算沒刻意用力，也散發著男性自信。他的臉上充滿「無所不能」的表情，彷彿得到了不管他上了什麼課、閱讀了多偉大的書都無法得到的禮物，這是他自己爭取到的寶物。

令人驚訝的事還不止於此。不知從何時起，他開始去上高級攝影班，買了專業相機，還和專業攝影師一起外拍。看他上傳到部落格的照片，好看到簡直令人懷疑那眞是他拍的照片嗎！他認眞拍照，甚至還舉辦了攝影展。我結婚的時候，他也拿著相機出現，拍下不少美好的照片。但他並不止步於此，有一天他說想學習拍攝影片的方法和影像編輯技術，也眞的去上了課——他已經完全沉浸在「學習的樂趣」當中。

學習的樂趣提高了他的競爭力，他將自己健身運動的過程，連同照片一起上傳到部落格，這個挑戰紀錄吸引了不少人的注意，來訪人數不斷攀升。隨著訪問人數增加，便有許多需要宣傳的企業開始找他談合作案，希望將商品送給他，請他使用後上傳心得。有一天，他上傳了一篇介紹自己父親從事的二氧化碳事業的文章，其他企業看到這篇文章後也來委託他宣傳，企業也看得出他所上傳的照片、文章或編輯都不是一般人的水準。雖然金額不多，至少也賺了一點外快。

最初爲了自我啓發才開始的「塑身運動」，隨著運動的結果，整個人變得更有自信，而這份自信又重新與工作結合在一起。當然，不是所有開始運動的人最後都能得到如此的成果，但運動的確能爲生活帶來或大或小的變化。

遵守三種運動法

我雖然和那位小老弟一起上健身房鍛鍊身體，但坦白說我並不喜歡健身房，因爲必須另外騰出時間來運動，有種種不便之處，所以我開發了適合自己風格的方法。一般的運動法在其他書籍中已經有很多的介紹，這裡就省略不提，只介紹我自己的三種運動法。

第一、運動要生活化。「離遠情疏」，我是這句話的奉行者，健身房太遠，需要單獨抽出時間去，就成了一件麻煩事。因此如果不特意去做，通常很快就會忘記，甚至也習以爲常，懶得過去。當然，開始運動的初期，健身教練的協助非常重要，但如果已經掌握了正確的運動方法，就應該將運動場所轉移到日常生活中。

於是我便在浴室前放置啞鈴，用來鍛鍊二頭肌和肩膀。這是根據「在顯眼處放置運動器械，自然而然就會運動」的個人處方，考慮到動線之後才做的安排。淋浴前或是舉凡看見的時候，我就會按照規定次數舉舉啞鈴。

往來家裡、工作地點或移動途中，可以利用附近的運動器材。如果有多餘的時間，回家前我就會利用附近運動器材鍛鍊十到二十分鐘。利用下班時間運動能節省移動所花費的時間，在平常往來的路線上特意繞行也是不錯的方法。

揹著背包走路時，可以用背包鍛鍊肩膀。已經有很多廣爲人知的簡單運動，可以趁著搭乘大衆運輸工具時進行，所以可以利用零碎時間嘗試做做看。

我去學校授課時，也會利用課餘時間在運動場吊單槓，做十餘次引體向上、雙槓臂屈伸運動。

總之，就只有兩個原則：首先是**將運動器具放在顯眼的地方**，其次是**利用零碎的時間運動**。如果能將運動時間切割成一小段一小段的話，不僅能減少體力的負荷，還能收到運動效果，這是一大優點。每天到健身房運動一個小時以上的話，在時間、肉體上都會造成很大的負擔，也妨礙其他工作的進行；但如果以五分鐘、十分鐘爲單位來運動，就能減少運動所造成的壓力。**不要將運動當成工作，而要在日常生活中自然而然養成運動的習慣**。

第二、用數字設定一天的運動目標並逐一刪除。什麼運動該做多少的量，最好設定具體的目標。我以伏地挺身作爲最基本的運動，不管發生什麼事，每天一定要做滿一百次伏地挺身；記錄我一天活動的生活追蹤紀錄上，也將伏地挺身一百次設定爲重要目標。而且，如果時間允許，還會延續到引體向上、雙杠、啞鈴等運動。我會在日程中寫下伏地挺身一百次、引體向上五十次、啞鈴一百次，以數字來設定目標。

完成目標運動後，拿出筆記本，用紅筆畫線刪除。在此過程中，達成目標的成就感本身就是一種獎勵，刺激我明天繼續實踐。

第三、逐步增加數字。開始運動時，增加目標數字很重要，也可以增加運動種類。例如伏地挺身運動從一開始就做一百次太過勉強，因此盡力而爲就好，但做的次數要設定在稍微有點吃力的程度。如果毫無困難就能做到二十次的話，那就設定爲三十次。第一天如果任務完成，第二天就可以把次數上調十次左右。一旦次數達到目標值，就維持不變。我做伏地挺身時，就把目標值設定爲一百次。

堅持運動當然很重要，但若工作忙碌或碰上意氣消沉的時候，也有超過一個月沒運動的情況出現。這時只要抱著重新開始的想法，重複這個過程就可以了。

以上是我自己的運動法。注意，不要爲了想做得比別人好，就設定無法長期維持的不合理目標。**一次只建立一個目標，創造只屬於自己的紀錄**才是最重要的。只要找到適合自己風格的運動法，就能享受到比任何消遣活動都更有意思的運動樂趣。

一日一行動，養成理財習慣

理財可大致分爲兩種，一種是委託具備專業能力的投資代理公司，另一種是學習投資理財，自己直接進行投資。

根據理財目標、投資人傾向、資產狀況，以上兩種方法可以擇一，也可以混合使用。但不管是哪種情況，都必須累積投資基礎知識和做好支出管理。因爲投資的決策者是自己，因此不管是過程還是結果，都必須由自己負責。

一個月開銷多少？

支出管理的核心目標是什麼？是**提高對支出的警覺**。一個不記帳的人籠統地認為「存摺餘額應該夠吧？」，這其實是最危險的錯覺。真的去確認的時候，結果如何？每次看到的餘額都比自己的預期還要低，能不被嚇一跳嗎？「哇，怎麼剩這麼少！」然後自己騙自己：「明明沒花什麼錢……」如果不解決這個問題，就難以籌備理財資金。

當然，也有各式各樣可以簡單記錄的記帳本，但每天計算收支項目、確認存款餘額，不只比想像中更繁瑣，還得集中精神整理，久而久之就會見樹不見林，忘記原本的目的。如果下定決心要理財，我推薦使用能夠輕而易舉做好支出管理的**便利貼記帳本**。只要一張便利貼，就能做好一個月的支出管理，任何人都能輕易上手。

首先在便利貼上方寫：

「零用錢十萬韓圜過一個月。」（十萬韓圜約台幣二千五百元）

這就是我的記帳本標題。並非真的是以十萬韓圜生活的意思，只是為了將不必要的支出降到最低，用了一個稍微不合理的「標題」罷了。

標題下方只寫上三個項目：日期、支出項目、支出金額，例如：

5號	午餐	5,500

幾天過去，便利貼就寫滿了下列內容：

5號	午餐	5,500
6號	咖啡	10,300
10號	漢堡	2,200
12號	理髮廳	15,000
13號	咖啡	3,900

目標是把一個月的支出明細全寫在一張便利貼裡，也含有**防止支出超出一張便利貼的意圖**，因爲便利貼很小，只能把字寫得很小，就能有意識地控制支出。像這樣一點一點寫滿「一小張紙」的行爲，也起到了不斷向自己發出信號的作用。

「喂，老兄，錢花得太多了吧！」

對支出的警覺，就是我把支出寫在便利貼上的理由，也是最重要的理由。隔幾天結算一次，確認這段期間的支出金額，也有助於提高警覺；再者，將便利貼貼在日記本上，就能確認每天的支出明細，還具有以一張便利貼就能一眼看盡一個月支出明細的優點，幾個月下來，也能看出自己的消費模式。

一旦分析出消費模式，就有了減少消費的具體方向。而理財就像這樣，是從對支出的警覺開始的。

能賺錢的閱讀法

如果你已經決定要投資房地產，可以從閱讀相關書籍入手，累積基本知識。去聽講座或上一期四堂左右的課程也可以。若在缺乏知識和情報的情況下貿然投資，不過是浪費時間，還可能陷入一知半解的陷阱中，也大概會經歷

一、兩次聽從只懂毛皮的人的意見，到最後落得狼狽不堪的情況。

「書中的知識通常是獲得認可的，所以書就是最好的教練。」二〇一七年四月十日，我在經常逛的社群網站上看到新書《韓國銅板價土地的富豪》（한국의 1000원짜리 땅 부자들）出版的消息。二〇一六年，我讀了一本名爲《大韓民國房地產的未來》（대한민국부동산의 미래）的書，作者是JD富者研究所所長金長涉，而《韓國銅板價土地的富豪》正是所長的最新力作。我的視線停留在「土地」這個詞上，當時我雖然擁有十一間房子，但發現收益並不如想像中高，正把注意力轉向土地，因此我毫不猶豫地買了金長涉的新書。

網路書店可以當天配送，很快就能拿到書，因此我在下單後不到幾小時就收到了書，便在下班途中翻閱起來。利用地鐵來回的兩小時，我在兩天之內快速讀完一遍。事實上即使同樣屬於不動產，如果項目改變，也有很多需要重新學習的地方。儘管如此，讀完第一遍的速度還是比以前提高了不少。

這就是被稱爲「速讀」的「快速閱讀」，在幾十秒內讀完一頁是我們所知的速讀法核心，但如果閱讀的目標變成了「求快」，那可就糟了！本書提到的快速閱讀，目的不在於縮短時間，而在於**掌握書的重點**。

當我們在讀一本書的時候，偶爾會因爲進度緩慢而錯失了書的整體輪廓。每當我們學習陌生領域時，總想徹底、仔細地閱讀書籍，但卻因爲閱讀速度太慢，常常會忘記前面的內容。爲了防止這種情況，即使出現看不懂的內容，我也抱著「下次再看」的想法跳了過去。

在閱讀「不動產：土地」這一陌生領域的書籍時，我選擇的方法是讀兩遍。那麼第二遍要怎麼讀呢？我新發現的**讀第二遍的核心方法，就是便利貼**。

第一遍讀不懂的內容，難道再讀一次就能突然理解嗎？如果在讀第一遍和第二遍之間有充分的時間可以學習，或許還有可能，但一般來說也不會出現太大的差別；只不過讀完第一遍之後，可以了解整體輪廓，讀第二遍時就不用擔心會迷失方向，而且有複習的效果，內容變得清晰可見。但如果不懂的地方還是不懂呢？

每當碰上不懂的內容，我就會貼上一張便利貼。雖然是第二次讀，但因爲讀得更仔細，所以也需要更多的時間。以《韓國銅板價土地的富豪》這本書來說，我讀第二遍時總共花了三到四天，比讀第一遍時用了更長的時間複習。

貼上便利貼的原因之一，就是不想讀第三遍。不懂的內容再怎麼讀還是無法完全理解，因此就得把書放在一旁，一面翻閱貼便利貼的書頁，一面上網查詢。透過這個過程將寫在便利貼上的疑問逐一解決，理解之後便可撕下。

積極活用部落格好友

培養學習房地產和理財習慣的方法之一，就是利用部落格加好友。如果在閱讀時遇到覺得不錯的作者，我就會到該作者的部落格，申請加入好友。早上一睜開眼睛，我會用手機連結部落格網頁，一面閱讀當天上傳的新貼文，一面學習，通常多是區域分析內容，全部讀下來大概花三十分鐘到一個小時。

上午學習就這樣安排，若有多餘空間我還會去拜訪其他高手的部落格，讀讀以前的貼文。事實上，房地產投資的時機非常重要，所以以前的情報幾乎沒什麼價值。但是**投資心態**卻不一樣，想了解那個人的投資原則是什麼，最好讀讀他以前的文章。

制定投資原則很重要，剛開始我只想著進行無月租金的「差額投資」③，沒想到卻因爲沒有固定收益，面臨資金緊缺的狀況。恰巧那時我遇到了一個堅持以月租收益進行投資的人，才明白或許他的投資原則更爲合理。後來，我便在全盤接受的情況下調整了我的投資原則。

最後，我建議大家把理財書籍放在伸手可及的地方。桌上、地上、浴室裡，哪裡都可以，書翻開放著也沒關係，只要不是整理得乾乾淨淨陳列在書架上就行。書必須放在隨時都拿得到的地方，經常翻閱，才能達到持續吸引關注的效果，不至於讓注意力轉移到其他地方去。如果能與書同食共眠，就能將更

③ Gap Investment，購屋前已經先預設房屋以包租方式出租，利用取得的高額押金作爲大部分購屋資金，剩餘小部分餘款再自行負責。例如一千萬元的房子，包租押金爲九百萬元，自己只需負擔一百萬元就能購入。如果手上有一千萬元，採取差額投資的方式就能購買十間房子。

多的知識化爲己有。

累積現場經驗

如果已經做到了這一步，付諸行動的準備也算告一段落，現在到了該直接動起來的時候。但在開始行動之前，必須像旅行前一樣列出一張清單，其中包含實踐的步驟。舉例來說，如果要去法院投標土地，就得列出如下清單：

- 帶身分證
- 帶投標保證金
- 仔細製作投標日程表後列印
- 帶圖章
- 代理招標時，帶委託書（確定蓋了印鑑章）和印鑑證明一份我在讀完《韓國銅板價土地的富豪》十天後，也就是二〇一七年四月二十日參加了公開拍賣的土地招標案，這也是我人生第一次投標。十天期間，我看上了江華島一塊十分吸引人的土地。幸運的是，我初次投標就得標了。不管是競價拍賣還是公開拍賣，投標人覺得最困難的就是決定投標價格，而我的得標價格只和第二名相差二十多萬韓圜（約台幣五千元）。

世上所有的行動總會遇上恐懼阻擋在前方，但一旦付諸實踐之後，這種恐懼就會化為烏有，這就是實際行動的另一種面貌。

投標也是如此，真的要開始之前，投標保證金對我而言算是一筆巨款，我也擔心這個投資是否正確、會不會在公開拍賣投標時出現失誤、能不能得標等顧慮，讓我每一步都走得提心吊膽。但是一旦投標之後，轉過身來，恐懼就即刻消失了。房地產不可能只有成功，沒有失敗。對於成功和失敗都經歷過的我來說，這兩種經驗早已是家常便飯。從讀完書到公開拍賣的體驗，只用了正好十天。

透過公開拍賣購入江華島一百坪的土地之後，我的心情突然緊張起來。嚴格來說，在拍賣前十天準備的是「投標」的方法，而非如何從江華島一百坪土地「獲利」的方法。當然，我已經從書裡學到了幾種獲利原則，但能否將知識應用在得標土地上，則另當別論。

現在不管喜歡與否，我都得找到從這塊土地獲取收益的方法，不然參加競標就一點意義也沒有了。我的目的可不是爲了體驗而已，而是在讀了書之後將內容付諸實踐，創造出美好結果。**持續累積自己的獨到祕訣**，才是我投入土地標案的眞正目的。

從第一次得標後至今，我聽了大概三十次的付費講座，其中一半是特別講座，一半是定期講座。定期講座通常是一期四堂課，學費大概是每小時十萬韓圜。我總共上了七十五個小時的課，換算下來大概花了七百五十萬韓圜（約台幣廿萬元）的學費。

捨不得花錢上自我啓發課程的人，可以說他們根本無心在自我啓發上。這世界的規則之一就是「一定要付學費」，因爲天下沒有白吃的午餐。這裡所說的學費，可能是上課的費用，**也可能是失敗的損失**。不管是哪一種，若需要付學費的話，我寧可將那筆錢用在獲取知識上。付出代價才有可能獲得好的情報，還可以告訴自己「這情報可不是白白撿到的」，給自己一點緊張感。

三六九定律

從閱讀書籍開始一點一滴學習的我，明白了房地產投資的重點就是**「臨場」**。臨場雖然是親臨現場的意思，但從目的爲出發點重新解釋的話，就成了**「培養看物件的眼光」**之意。

在股票投資領域，股神巴菲特也是以親自拜訪企業，與該企業總經理面談等**「股票臨場」**而聞名於世，在價值投資上運用了臨場法。

不管是哪種理財方式都一樣，以直接蒐集的資料爲基礎，親臨現場實際操作，才能對這個物件「有多少價值」「今後能增值多少」有個概念。如果自己不會判斷，就只能投資「別人建議的物件」。

並不是說別人建議的物件就一定不好，只不過如果自己沒有看物件的眼光，總是依賴別人下手的話，那收益率就不高，而且也很難判斷該把錢委託給哪一類投資代理業者。在挑選代理業者時，也要有最起碼的眼光，才能選擇適合自己的業者，不是嗎？

因此，如果想理財，就應該具備最基礎的知識。而所謂最基礎的知識，指的不僅僅是從書裡獲得的知識，還意味著培養見到實物能自行判斷的眼光。

我透過「三六九法則」培養了對房地產的基本眼光。所謂的三六九法則就是「一天三小時研究投資方法和標的、拜訪六家房仲業者、親臨九處看物件」的意思。我家附近就不用說了，每次出外授課或旅行時，我就會去拜訪當地的房仲，看看物件，找到一點感覺。

這樣過了半年左右，光聽房仲業者說話，我就能判斷這人的水準到什麼程度。也就是說，我已經能夠看出這個人是否具備辨識好物件的眼光。就算是委託投資代理業者時，至少也要有這種程度的眼光，才不會受騙上當，守住自己得來不易的資產。

但是，像這樣不管三七二十一，先到現場看了再說的方式，剛開始學習房地產投資時，花點時間精力跑一跑也就夠了。如果已經下定決心正式投入，或希望擁有更務實眼光，就應該將視線轉移到**現實世界**。

我每天閱讀經濟日報，主要看的是刊載和房地產與第四次工業革命相關報導的版面。如果看到哪個地區將進行都更的消息，就先觀察該地區是否有競價拍賣或公開拍賣的物件釋出，確認該物件是否還不錯，然後一定會在當週內親自到都更預定地跑一趟。不只要向房地產仲介商打聽消息，還要直接到都更地區觀察周圍氣氛。到了這個程度，等於是完成了進行一般買賣、競拍、公拍的準備，也達到了懂得挑選投資代理業者的最低標。

雖然我不是宗教人士，但我相信神的存在。神絲毫不在意一個人的出身，而是公平地賜予這世上所有人一天二十四個小時。只要我拿神所賜予的二十四個小時認真投資在什麼上面，神一定會給予我回報，這就是我的信仰。

我做房地產投資到現在已經三年，包含共同投資在內，如今我擁有十一間房子和在拍賣中得標的韓國八十三處土地。雖然近年韓國政府政策和市場狀況不是很樂觀，但只要想到這一切只花了三年，實在是驚人的變化。

第五章

成為「實踐主導方」的定律

與其羨慕他人的成就，

不如關注他成功前所付出的努力和過程，

自己加倍奮發圖強。

人生是一連串的實踐

自有人類以來，有許多關於痛苦的言論，這些言論大致可簡化為以下兩種說法，你更熟悉哪一種呢？

- 人生不得志，痛苦找上門
- 人活著，就會有痛苦

第一個定義在我們身邊經常會碰到，提出這一主張的人說：「如願以償就能克服痛苦。」也就是說，只要除去原因，痛苦就會消失，也就能達到最低限度的幸福。

第二個定義可以從思想家或藝術家的言論中看到，其中最具代表性的人物就是佛祖和海明威。佛祖用「人生如苦海」這句話來形容「我們生活的世上原本就是一片痛苦的大海」，海明威則透過更直觀的句子將生活和痛苦連結起來，他藉由一個緊握釣繩與旗魚搏鬥的老人，說出了「藉由肉體上的痛苦，他才知道自己沒死」這句話。

第二個定義的重點是什麼？第一個定義表達出「痛苦是可以消除的」，而第二個定義則告訴我們「生活和痛苦就像銅錢的兩面一樣緊緊相連」。我們活著，所以能感覺到痛苦，但若想從痛苦中解脫呢？難道我們能選擇的，只有強效止痛藥，也就是毒品和死亡嗎？

之所以從如此沉重的話題開始，是爲了講述正如同痛苦總是如影隨形，我們在實踐的那一瞬間也必定會遇到相同的情況。當一個人試圖做一件事的時候，免不了會遇上與實踐相伴的阻力，就像人生總伴隨著痛苦一樣。

努力絕不可能白費

或許有人像駱駝，覺得世上的責任輕如棉花；但我比較像蚯蚓，翻動一個小土塊都覺得又重又麻煩。眞不知道蚯蚓上輩子犯了什麼罪，這輩子爲了生活得挖土鑽地。我感到活著的每一瞬間，有時就像在粗礫的泥土中鑽行的蚯蚓一樣。

我個人比較偏向「痛苦是無可避免」的主張，即使下定決心要力行不輟，期間妨礙實踐的敵人也會無預警地找上門來。從我決心要早起的那一刻起，就有什麼老是要把我往床上拉去；從我下定決心每天閱讀並開始實踐的那一刻起，就有其他比書更有趣的事情映入我的眼中；每次信誓旦旦下定決心的時候，在那決心與意志背後，就一定伴隨著強烈的抗拒感。

我做任何事從來沒有一次像吃飯那樣容易，因此我也體會到如果不解決這個問題，不管下定多強的決心，在某一瞬間也會半途而廢。爲了克服這些困難，我非常煩惱，也努力尋找解決辦法，但要靠自己克服並不容易。

我需要一些特別措施。因此在因怠惰和萎靡不振而實踐力下降時，我就會上YouTube或社群網站看看那些認眞生活的人。我想藉由觀看能賦予我強烈動機的影片，來提振怠惰的自己。每當意志消沉和懶蟲上身時，我連書都不想看，對所有事都感到厭煩，什麼都不想做。碰上這種情況，最好暫時放下該做些什麼的想法，找找適合當前狀態的影片觀看，會有很大的幫助。看著這些影片，我又能重新振作精神，補充前進的能量。

另外，我也努力做到持續不斷背誦嘉言。我是嘉言蒐集者，最近韓國連地鐵月台門、大樓外牆、公廁等處都貼上了金句格言，我不會輕易看過就算了，只要有喜歡的句子，我一定會拍照保留，努力體現那句至理名言。

背那麼多好句子有什麼用？最大的優點就是遇到困境時，會想起自己背過的無數至理名言中適合當下情況的句子，而這充滿智慧的句子也給了我克服困難的力量。

羅馬哲學家塞內卡（Seneca）說過：「可以肯定的是，偉大的人有時歡迎苦難的到來，神讓自己認可並鍾愛的人處於逆境，藉以鍛鍊、考驗、訓練他們。**沒有人比從未遇過不幸的人更加不幸**。烈火試真金，逆境試強者。」只要記住這句話，在困難的時候想起，就能靜下心來，重新獲得勇氣。

直到現在，我都不斷努力實踐以上這些方法，並培養成固定的習慣。

線隨針走的緊密關係

韓國著名實學家丁若鏞先生曾強調，學習不應該只是一種手段，而應該是廣泛思考，將經驗和學習融爲一體，完成高層次人生的一種**生活方式**才對。對他來說，學習是一件有價值、令人感到愉快、能夠擴大生活領域的最重要方法。因此他一生學以致用，努力降低百姓的痛苦，實現生活的價值。

建造華城①也出於同樣的脈絡，丁若鏞還特別發明了機械，以減輕百姓的辛勞。在此之前，每逢有大型建築工事就會強徵民伕強迫勞動，卻連工錢都不給。但丁若鏞不僅發給百姓工錢，還爲了提高築城工事的效率，發明能舉起重

① 韓國京畿道水原市中央的一座堡壘，是朝鮮王朝的正祖爲了紀念他的父親莊獻世子而建。

石的「舉重機」。在新技術的協助下，工程速度加快，完成了水原的驕傲——華城。

有實踐就有學習

實踐和學習就如線隨針走一樣密不可分。要實踐一件事，必先仰賴學習。

寫感恩日記時，也同樣不只是在實踐「寫感恩日記」這件事而已，我還會閱讀和感恩日記相關的書籍，或看看別人的經驗，擴展相關知識，重新設計成適合我使用的型態。

爲什麼要這麼做呢？因爲靠我一個人從實踐中獲得的訣竅，和許多人從實踐中獲得的訣竅相比，在質與量上都存在莫大的差別。

專家小組的實驗數據涵蓋了我一輩子都學不到的知識，從哈佛大學在一九三八年開始以「對幸福生活的提問」所進行的研究就可看出。這份研究在七十二年裡長期追蹤二百六十八位哈佛大學生，研究幸福根源的結果，以「宏大研究」聞名於世。就算壽命再怎麼延長，一個人也絕對不可能擁有足夠的時間和資源進行長達七十二年的追蹤研究，不是嗎？

就這樣，在嫁接各種經驗的學習過程中，我穿梭在相關領域中，深切感受到自己的知識領域也不斷擴大。以我關注的主題爲中心，結合各領域的知識和經驗，從而擁有了自己獨特的文化內容。創造的規律是從異種融合，即不同領域的知識相結合開始的；在吸收來自許多作者知識的同時，也與我的經驗和知識相融合，進一步擴大了知識領域。

理論性知識之間的結合，通常會因爲缺乏連接的黏著劑或催化劑，很快就產生斷裂。這時候，實踐就成了黏著劑和催化劑。在實踐過程中，可以將兩種不同的知識融爲一體，而重新塑造出來的知識就成爲世上唯我獨有的內容。

只要反覆進行「一日一行動，學習不輟」的過程，不僅能不斷提升競爭力，還會對學習產生興趣，重新塑造出獨一無二的文化內容，爲自己創造區隔化的優勢，從而開拓更大的事業，走向更寬廣的世界。

自尊心能當飯吃嗎？

我出社會後認識的好兄弟，是比我大一歲的李正教（音譯）代表。我是在上英語補習班時認識他的，我倆有許多共通點，他對書籍的渴望同樣很強烈，也有個不幸的童年。

我比他更嫻熟於閱讀，就教了他閱讀和選書的方法，我們還曾經成功挑戰一年每天讀一本書。幾年後，李正教代表成為了「Rosapacific」化妝品公司的代表理事。

起初，他不管是對化妝品還是經營都一無所知，但在閱讀和學習的過程中，逐漸有了改變。他深深熱愛閱讀，到現在都還勤於吸收知識。幾年前，他的公司年銷售額只有一百億韓圜，如今已增加到日銷售額就有一億韓圜，一年成長了將近四倍。他還帶頭援助貧困鄰居，是一位令人尊敬的兄長。

有一天，他對我說：

「你這個成功挑戰一年每天讀完一本書的人，怎麼過成這副德性？」

那時的我正陷入解不開的心結中，每天唉聲嘆氣，所以他說這句話應該是出於疼惜和看不過去的心情；而且我們的情誼好到肝膽相照、無話不談的程度，他說話才會這麼不加修飾。

但這句話卻有如一根芒刺扎在我心上，讓我的自尊心受傷。

實踐與自尊心的抗拒

要說閱讀，我讀過的書比他多，閱讀經歷也比他長。不只如此，我還可以驕傲地說，在自我啓發的努力和實踐上，自己遠遠超過了他。但是，他是年銷售額高達三百五十億韓圜（約九億台幣）的企業代表理事，而我和妻子連一間房子都買不起，把所有心力都花在寫書上。要不是我受過訓練，不然受傷的自尊心或許就會完全表現在臉上。

自尊心！

爲了改變自己而力行不輟的過程中，最令我痛苦的事莫過於此。

每個人都想掩飾自己的弱點，讓自己看起來更有魅力，就像有兩條腿的人就想站著走路一樣，這是每一個有感情的人必然會感受到的心情。誰都不希望在社會上受到歧視，都希望能得到認可。自尊心不就是這種情緒嗎？可是自尊心總是在意想不到的情況下爲我帶來痛苦。

每當我抱著要改變自己的意志，翻開書尋找答案時，往往會在作者的「自我炫耀」中變得氣餒。他們擁有我沒有的東西，有人在二十多歲時就成了百億韓圜富豪，有人在三十多歲時成爲業界龍頭企業的總經理；而且不僅是在財富上，他們還擁有從容和坦蕩的人生。那些書裡的內容充滿了輕而易舉就克服人生逆境的驚人奇蹟。

有一天我仔細思考之後，終於發現這些書越讀越煩的原因。想一想還眞好笑，越想越覺得自己實在太沒出息了。是我自己爲了學習才翻開書的，那爲什麼看到作者稍微自賣自誇，就覺得很不愉快？其實，這時我還不習慣反省自我，所以沒法客觀地正視這種情緒，只覺得要走的路還很長，閱讀就像每天不得不完成的功課一樣。

直到有一天，當我讀到關於汽車和速度的報導時：

「在雙倍速度下，空氣阻力爲兩倍的平方，即增加爲四倍。假設汽車以時速五十公里奔馳的情況下，空氣阻力爲二十公斤，那麼當汽車加速到時速一百公里時，空氣阻力不是四十公斤，而是增加到兩倍的八十公斤。」

我突然領悟到，實踐與自尊心之間也存在同樣的規律。

「如果把實踐速度提高爲兩倍，那麼名爲自尊心的阻力就會增加爲四倍！」

如果抱著想成爲人上人之心，把實踐力提高爲前一天的兩倍、更加認眞學習，那麼按照努力速度的比率，內心的抗拒也會變得更強烈，即輕賤自己的心態將增加爲四倍。也就是說，如果感覺有人站在高處從上往下俯看自己的話，自尊心也會受到四倍左右的強烈衝擊。換句話說，每次閱讀書籍時所產生的負面情緒，是我力行不輟的一種證明！

那時，我也終於領悟到妨礙我實踐的不是別人，而是隱藏在我心中的自尊心，也就是「學生對老師起了嫉妒之心」——這個問題不解決不行。

也許有人天生就恪守弟子之道，即使是老師一句欺負人的話，也會拚命去實踐。但我不是那種人，也不是心地澄澈如小溪般的人。我比任何人都自卑，自尊心比任何人都強，卻也比任何人都一無所有。每次當我意識到情況沒有改善時，我就會像洩了氣似地垂頭喪氣。

重要的不是結果，而是過程

曾聽過一句話：會打架不算厲害。有互相競爭的體育競賽，也有像柔道之類借力使力壓制對方的運動。我放棄了和洶湧而來的自尊心浪潮對抗的想法，因爲我知道，越強烈的反擊只會招致自尊心掀起越大的浪潮，將我吞噬。所以我改變了想法，絕不能對自尊心置之不理，讓那浪潮摧毀我，而應該將之化爲幫助我力行不輟的力量。

對於「自尊心」的堂兄弟「自尊感」②，我也想提出我的看法。人們說可以拋棄自尊心，但絕不能拋棄自尊感。對此，我有不同的看法。自尊感當然重要，但自尊感和自尊心的作用完全不同，所以我對韓國人普遍認為「自尊感好，自尊心壞」這種說法無法苟同。

譬如某個四十多歲的男人沒有自尊心，卻有很強的自尊感。他討厭被職場束縛的生活，不想定居在某處，所以決定多愛自己一點，做一個浪跡天涯的人，覺得這就是最幸福的生活。但在我們眼裡，這和街友沒兩樣。他在垃圾桶裡翻翻找找，一點也不感到丟臉；身上散發著惡臭到處遊蕩，也絲毫不感到羞恥；穿著破破爛爛的衣服，戴著有破洞的手套，撿別人丟棄的菸蒂來抽。但是他對自己的人生理直氣壯，完全不在意他人的眼光，不管誰指責他的生活放浪

② 根據韓國國語辭典的解釋：「自尊感」是「自重、尊重自己」的意思，針對的對象是自己；「自尊心」則是「不屈服於他人的一種尊嚴心態」，針對的對象是他人。

不羈，他根本懶得理會。其實，他又沒有犯罪，有什麼好批評的呢？

我在一本以自尊感爲主題的書裡，經常看到這種人的身影。

「不要被他人眼光的影響。」

「要愛自己。」

身上臭氣沖天的那位街友，完全具備上述這兩項條件。我們也許都忘了，所謂自尊感說不定就是這種模樣。

當然我不是說自尊感不好，每個人都需要有一定程度的自尊感，尤其是爲了保護自己免於受到「想把刀插進自己胸膛」的自殘心態傷害。但自尊感「好」、自尊心「壞」的黑白邏輯，確實有問題。

我們不會說四肢不好，那是因爲四肢原本就長在身上，有手腳才算正常人，所以我們也不會去計較它存在的價値。但爲什麼對於自尊心就採取不同的態度呢？只要是人，都有自尊心，那爲什麼總是單方面指責自尊心不好呢？

想到這裡，我覺得自尊心也必然有它的作用。於是我給自尊心安上了「實踐感應裝置」的任務，就像插了電就會亮起綠燈一樣，只要我有所行動，自尊心就會亮起來。自尊心就是我認眞生活的最佳證明。

自尊心可以朝正負兩端移動，點亮紅燈或綠燈。認眞生活有了成果時，自尊心就會亮起綠燈；相反地，雖然認眞生活，但和他人相比覺得自己還差得遠，還沒有完成實質成果時，自尊心就會亮起紅燈。但不管是亮綠燈還是亮紅燈，要啓動這個感應裝置，首先必須有實實在在的行動。眞的不行，就去見見比自己有出息的人，讓自尊心受點傷。躲在自己的世界裡的人，因爲不會和其他人見面、比較，所以自尊心絲毫不會受到影響，誰也不知道他的自尊心感應器是否還能正常運作。

當然，往負向移動的自尊心還有待商榷。如果自尊心受到傷害，再也不想實踐的話，該怎麼辦才好？如何才能讓自尊心朝著正向移動、亮起綠燈呢？

書裡面不只有讓我氣餒的人，有的書就像大哥哥一樣給了我強大的依靠和莫大的鼓勵；有的書則像大姊姊一樣，溫柔地撫慰了我的心。對我來說，書有時就像一位眞正的導師，也像一個帶頭衝向如火如荼的戰場的前輩。從書裡所萃取的那些格言，就成了在自尊心感應裝置亮起紅燈時保護我的盾牌。

「克己工夫，最切於日用。」——《擊蒙要訣》③

「其次致曲，曲能有誠；誠則形，形則著，著則明，明則動，動則變，變則化；唯天下至誠為能化。」——《中庸》

「知人者智，自知者明。勝人者有力，自勝者強。」——《道德經》

「人一能之，己百之；人十能之，己千之。」——《中庸》

讀完這些格言，我也得到了最強大的武器，就是**「人生重要的不是結果，而是過程」**的信念。

如果我們能夠享受過程，就沒有必要去和比自己富有的人比較，也不必因此而感到氣餒。與其羨慕對方用數字表現出來的成果，不如關注他爲了創造數字所付出的努力和過程，藉此讓自己奮發圖強。

我在《老人與海》中再次應證「過程比成果更寶貴」的事實。看到老人好不容易抓到的旗魚，卻因爲鯊魚的攻擊被撕扯開來的時候，面對這荒唐的結局，我也感到氣憤。但或許海明威就是想藉此來證明「人生的價值不在結果，而在過程」吧。

換個角度想，就能用更爲開放的心態接受書中導師所傳達的訊息。當然，不管在腦中如何吶喊「過程更加重要」，有時還是無法阻止自尊心感應裝置亮起紅燈。這時，我就會反覆念著惠特曼（Walt Whitman）的詩句，努力讓情緒平靜下來：

「勝利是偉大的，但假如無可避免，失敗同樣是偉大的！」

③朝鮮王朝著名儒學家李珥於一五七七年爲教育弟子所編撰的入門教材，相當於《小學》。

目不轉睛盯緊目標

這世上有四種人：

第一種：小事失敗，大事成功的人。
第二種：小事失敗，大事也失敗的人。
第三種：小事成功，大事失敗的人。
第四種：小事成功，大事也成功的人。

第二種人，光想就覺得可憐，就先排除；而第四種人太神乎其神了，也排除掉。

在剩下的兩種人當中，你想成爲哪一種人呢？小事失敗，大事成功？還是小事成功，大事失敗？如果二擇一，當然希望是「小事失敗，大事成功」。不是說「就算單次戰鬥失敗，只要在整場戰爭中獲勝就是眞正的勝利」嗎？

但在實踐者當中，往往會看到非出於本意的小事成功、大事失敗的情況，也就是一味實踐卻忘了初衷的人。

在開始行動的那一瞬間，可能會碰上的大敵就是「沉溺在過程中」。

一味實踐，迷失了方向

有位我很熟的上班族朋友，決定每天早起，便嘗試每日清晨五點起床。第一週按計畫順利完成，第二週因狀態不佳失敗三天。在反省第二週的失敗之後，第三週重新振作，五點起床。過了一個月左右，早起成了一件非常自然的事情。

爲了有效率地運用早晨充裕的時間，他不僅開始寫感恩日記，還開始讀書，呼吸著早晨的新鮮空氣，以明朗健康的心情迎接每一天，這滋味特別甜美。就這樣過了一、兩個月，一到晚上十點，他的眼皮就不知不覺闔上，便趕緊上床睡覺，以便盡快結束這一天，明天清晨五點起床。就這樣一、兩年過去，他心滿意足，覺得做到了對自己的承諾。

但是到了第三年，他突然發現失去了目標，不明白自己爲什麼要改變生活習慣。雖然是爲了遵守與自己的承諾所做的努力，但是除了得到個人的滿足感之外，好像沒有什麼變化。即使身體變成了「晨型人」，內心卻再也沒有充實感，就像上了年紀的老人凌晨三點自動睜開眼睛一樣，他也只是習慣性地在凌晨睜開眼睛罷了。他對日常生活感到麻木，對什麼都失去了興趣，雖然在改變日常習慣上獲得了巨大成功，但也僅止於此。

我也經歷過同樣的時期，想起自己一成不變的模樣，實在很心寒。因爲早點起床、早點開始一天的生活就是我最初設定的目標，目的是爲了從根本上改變人生，也就是將我的人生轉換到正途上。但從結果來看，也只是改變了一個習慣而已。

從停車場開車出來後，很快就能感到時速提升到六十公里；但在高速公路上行駛一個多小時的人，即使是以時速一百公里前進，也絲毫感覺不到那種速度感。我就是這個樣子，而問題到底出在哪裡呢？

伽利略發現，速度不變的物體都遵循慣性定律運動。時速零公里的物體只想停留在時速零公里的地方，時速一百公里的物體也只想按照時速一百公里前進。因此，時速不同的相異物體，如果從慣性的角度來看的話，其實都是一樣的。

如果像這樣忘記目標，只專注在行動上，就很容易陷入慣性。比起藉由小事成功逐漸接近目標的想法，一直重複相同的行爲或許更讓人感到厭煩。但熟練也意味著精通，希望您不要忘了大目標，迷失了方向。

以「該如何做」取代「要做什麼」

讓我們重新面對一個熟悉卻老掉牙的詞——「目標」。

對你來說，大目標和小目標哪個重要？當然兩個都重要。但如果只注重小目標的話，那問題就來了。小目標只是走向大目標的階梯，並無法成為目的地，如果忽略這件事，就會突然迷失方向。

沒有大目標的人經不起小考驗

我在東方經典中曾經看過這麼一句話：

「不看著前方走路，反而容易被腳下的石尖絆倒。」

這與「沒有大目標的人經不起小考驗」是同樣的道理。韓國「質更益」（JilGyung Yi，질경이）女性清潔用品公司代表理事，也是白手起家的企業家崔元錫（音譯）曾說過：

「我小時候很愛玩，往往在下課時間就把便當全吃光，只等著中午吃飯時間的鐘聲一響，馬上像子彈一樣飛快衝到操場去。用大水壺接了水就在地上澆水畫線，想玩乾魷魚遊戲③。畫的時候覺得線畫得很直，但每次全部畫完之後再看，不是往旁邊歪了過去，就是形狀亂七八糟。玩的時間都不夠了，線卻老是畫歪，氣死人了。但有一天我終於發現了畫出直線的祕訣。」

他的眼睛閃閃發亮。

「我望著遠處自己要抵達的地方畫線。過去我總專注於畫出腳下的直線，但走到最後，才發現自己走到了別的地方。相反地，如果看著遠處的目標畫

③ 韓國的傳統遊戲，在地上分上、中、下部位，分別畫上部分重疊的圓、三角形、長方形，模樣類似曬乾的魷魚。

線，就算當場畫出來的線歪歪扭扭，但大致上看起來也是一條直線——這就是我找到的答案！爲了眼前的失敗悲喜交加是沒有意義的，犯錯在所難免，只要緊盯著目標前進，**錯誤也會成為一條直線。**」

他用自己小時候的故事來告訴我們，他從一無所有的最底層出發，爬到現在這個地位的祕訣。

我也深感設定「目標」的必要性，需要有個夢想中的地標，讓我可以看著目標向前走。似乎唯有如此，我才不會迷失方向。我也相信，今天的實踐和奮鬥會爲明天帶來美好的成果。但就像前文對自尊心的解釋一樣，我認爲目標不能用數字或頭銜來表示。

將人生目標設定為「該如何生活」

於是有一天，我在書中邂逅了托爾斯泰：

「沒有比鞠躬盡瘁為自己、也為了他人創造美好生活更完美的事情了。」

我猛拍了一下大腿，大大讚賞這句話。

對一直在尋找目標的我來說，這眞是精采絕倫的一句話。在這個句子裡，沒有立志「要成為什麼樣的人」，也沒有「成為大樓擁有者」或「成為國會議員」的想法，也從來沒有將物質的數量或職位代入人生的目標中。

有一天，我在受邀演講的高中裡這麼說：

「各位，不要把將來要成為什麼當成人生的夢想。如果你夢想著將來要成為什麼，而眞的擁有了那份職業之後，不就無事可做了嗎？譬如夢想成為律師，只要通過考試成了律師，不就達成目標嗎，那麼接下來呢？做個百億富翁？那賺了一百億之後要做什麼？所以我改變了想法，不去考慮要成為什麼，而是考慮該如何生活。如果將人生的焦點放在『將來要成為什麼』上面，從立志的這一刻起，不幸也開始降臨。如果我做不到或一直沒辦法做到的話，不是很可憐嗎？但是，『該如何生活』就不同了。不管我現在是什麼人完全不重要，不管我現在是何等模樣，都能如我所願地活下去。」

這些對我過去曾是飆車族、認識名校大學生、讀完人生第一本書直到寫作出書的歷程全都一清二楚的小朋友，靜靜地聽著我說話。

「所以我將自己的人生目標，從手中所擁有的物質數量換成了價值。」

說完這句話之後，我展示了自己的人生目標。

以我的強項為基礎
做好我的工作，
讓他人和社會更加美好。

從「要成爲什麼」換成「該如何生活」，如今想起來，這種想法的轉變眞可說是天才之舉，在改變設定目標方式的同時，也解決了「自尊心」的問題；再者，也讓我得以擺脫無法達到目標可能陷入的困境。最重要的是，將我的人生目標由數量改爲價值，也起到了指引方向的作用，我不需要等到物質的目標達成後才能快樂，我不需要延後我人生的喜悅和幸福。

給自己一個獨一無二的咒語

妨礙實踐的最後一個敵人，就是落入太多的規則。我在許多書中讀到無數的規則和法則，數量之多讓我懷疑這輩子能不能全部遵守。

對於生活在這個世界上，尤其是面對實踐問題的我們來說，過多的地圖和指南針反而會妨礙實踐。多到數不清的方法就像浸水的棉花，讓我的身體感到沉重與疲憊。爲了成爲成功的人，書籍作者所制定的規則乍看之下彷彿是一雙可以飛上天空的翅膀，但當我身上裝了太多翅膀時，卻阻礙了我的腳步。

在企畫本書的過程中，我也同樣執著於那類規則，爲自己發現了作爲實踐後盾的三種動力感到洋洋得意。我想把前面提過的**「自卑感」「迫切感」「小成就」**等關鍵詞表達得更精采，就制定了以下的規則。

自卑感與過去所發生的事件、傷痛、記憶有很深的關係；迫切感與現在所遭遇的問題有關；「小成就」與培養「積極大腦」為未來的大成就做準備有關。於是這三點便與「過去—現在—未來」的時間銜接在一起。

過去—自卑感
現在—迫切感
未來—小成就

可是，該把這用在哪裡呢？這難道不是普世規律之一嗎？我這麼做不就和其他自我啓發書籍的作家沒兩樣，在毫無責任感的情況下，想把一條煞有介事的規則投放到這世上嗎？果真如此，這條規則對他人不就毫無助益，只不過是想讓人另眼看待罷了？最終，我放棄了制定規則的想法。

持續實踐的神奇咒語

取而代之的是，我覺得創造一條「咒語」會對讀者更有幫助。

對過去不懂得取勝、爲了取勝必須從不認輸開始學起的我來說，最有幫助的一條「咒語」是：

「我的人生絕不認輸！」

我也將寫有這條咒語的紙條，獻給邁出實踐腳步的你。

當我制定了閱讀目標，讀完約一百本書時，我碰上了第一次低潮，可能是焦慮在作怪吧。我讀了一百本書，爲什麼還是原地踏步呢？我已經沒有多少時間，得快點賺錢才行，但我現在到底在做什麼？讀書眞的能改變人生嗎？懷疑之心讓我的背脊冷汗直流。

到了快讀完兩百本書的時候，第二次低潮又找上門來。讀完一本書就該留下些什麼才對，我是不是只顧著「讀」這個動作，只在意讀了幾本書？

對我來說，閱讀就像偶然路過家門的和尚所說的消災除厄處方，或者像某個幫人實現願望的魔法師所念的咒語——每天早上五點起床，朝東跪拜一百次，一百天之後你的願望就能實現。說不定是因爲沒有信心才導致低潮，還是因爲我的生活過於集中在書本上，所以心生恐懼？

爲了壓制這種負面情緒，重新找回對書的期盼感，爲改變事態的契機做好準備，我決定從此時開始留下紀錄。每當我心亂時，就拿出過去的讀書筆記來看，靜下心告訴自己「這次我絕不認輸」。

當時發生了一件決定性的事件，讓我有了這樣的決心。有個人比我早開始一日一書計畫，他一年總共讀了四百二十本書。那時我讀完的書本數量還不到三百，但我不想輸給他。

在好勝心驅使下，我開始一天讀二、三本，一週總共讀了十五本書。我的目標已經不是三百六十五本或四百二十本，我只想達到任何人都難以企及的數量。於是到了目標期限屆滿當天，我的讀書目錄表上的最終數字是五百二十。

五百二十本書對我來說成了一個象徵，十年倏忽而過，那時的回憶現在也依然浮現在我腦海中。每當我在日常生活略有怠惰或是生活有起伏時，連同

「五百二十」一起，我就會想起那句如魔法般的咒語。
「我的人生絕不認輸！」

〈結語〉

實踐永不背叛

知識和實踐相互影響，知識是實踐的基礎，實踐鞏固了知識，讓知識的幅度更為深廣。實踐和知識互為養分，如果知識只是為了行動而存在，就不會建立起這種循環。在這種循環不斷反覆之下，起初微不足道的知識和實踐逐漸增加，最終取得了顯著的成果。

再怎麼減肥，若無法持之以恆，很容易就會反彈。為了減重進行運動和飲食療法時，如果沒有事先了解自己的身體，每次計畫必然都會以失敗告終。

實踐也是一樣，做了一次就不做，遲早會碰上反彈。不斷學習、實踐的同時，也必須培養力量**去發現什麼可以改變「此時、此地」的自己**。唯有如此，才能創造出力行不輟的動力。

我二十五、六歲時得知一個關於實踐的祕密，那就是：上課的五百人當中只有一％的人會按照老師的話去做。

掩卷後的你該做的事情是什麼？就是成為打開實踐之門走出去的那一％的人。即使你的人生支離破碎，也希望你能在一次又一次的實踐之後不斷成長。沒有人可以代替我們經歷人生，所以要愛惜、珍重自己的人生。

無論你過著什麼樣的生活，希望你都能珍愛人生。今天的實踐永不背叛，一定會讓你擁有光輝燦爛的明天。

圓神出版事業機構 Eurasian Publishing Group
方智出版社 Fine Press
www.booklife.com.tw reader@mail.eurasian.com.tw
生涯智庫 187

一日一行動的奇蹟：

我這樣化習慣爲複利，9個月購置新屋，一年讀完520本書

作　　者／柳根瑢（Keun Yong Ryu）
譯　　者／游芯歆
發 行 人／簡志忠
出 版 者／方智出版社股份有限公司
地　　址／臺北市南京東路四段50號6樓之1
電　　話／（02）2579-6600・2579-8800・2570-3939
傳　　真／（02）2579-0338・2577-3220・2570-3636
總 編 輯／陳秋月
副總編輯／賴良珠
主　　編／黃淑雲
責任編輯／溫芳蘭
校　　對／陳孟君・溫芳蘭
美術編輯／林韋伶
行銷企畫／陳禹伶・鄭曉薇
印務統籌／劉鳳剛・高榮祥
監　　印／高榮祥
排　　版／杜易蓉
經 銷 商／叩應股份有限公司
郵撥帳號／18707239
法律顧問／圓神出版事業機構法律顧問　蕭雄淋律師
印　　刷／祥峰印刷廠
2021年1月　初版

1日1行의 기적

定價320元　ISBN 978-986-175-575-5

超速學習者懂得在開始學習前先畫出地圖，也會去學習其他人是如何學會自己想擁有的能力。

——《超速學習》

國家圖書館出版品預行編目資料

一日一行動的奇蹟：我這樣化習慣為複利，9個月購置新屋，一年讀完520本書／柳根瑢（Keun Yong Ryu）著；游芯歆 譯．-- 初版．-- 臺北市：方智出版社股份有限公司，2021.01
224面；14.8×20.8公分 --（生涯智庫；187）

ISBN 978-986-175-575-5（平裝）

1. 成功法　2. 生活指導

177.2　　109018566